和田芳恵
Wada Yoshie

筑摩選書

筑摩書房の三十年

1940-1970

神田小川町時代の筑摩書房

筑摩書房マーク
「空を截《き》る鷹」
デザイン・青山二郎
昭和15年作

筑摩書房の三十年　1940−1970　目次

第二部　戦後篇——荒波を乗り越えて　135

筑摩書房の三十年　1940−1970

はじめに

二〇一〇（平成二二）年六月一八日に、小社は創業七〇周年を迎えました。その四〇年前の一九七〇（昭和四五）年に、社史としてこの『筑摩書房の三十年』を上梓しています。布装・貼函入りという豪華な造本で、業界など関係者の方々や社員たちに配布しました。『筑摩書房の三十年』は非売品のため、ほとんど一般読者の目に触れるものではありませんでした。とはいえ、和田芳恵氏の筆になる叙述は、社史の「名著」として、長く人々に語り継がれてきました。それは、創業者、古田晁の豪放でもあり、また繊細でもあった人柄を活写し、一小出版社の創業の志と苦難の旅立ちをみごとに描きだしています。

それから四〇年が経過しました。それを機に、新しく七〇年史をつくりなおすという選択も、ないではありませんでした。しかし、それよりは、この「名著」を復刊して読者の皆様に供するとともに、継ぎ足すような形で四〇年史を書く方がいいだろう、という結論に立ち至りました。

再刊を快くご承諾いただきました著作権者、井上由美子様に、改めてお礼申し上げます。『筑摩書房の三十年』に続く四〇年史は、タイトルを『筑摩書房 それからの四十年』としました。そして、それぞれに「1940−1970」、「1970−2010」という副題を添えました。二冊そろって、七〇年史が完結します。

『筑摩書房の三十年』で復刻したのは、本文の部分だけとなります。口絵の大部分と巻末に添えられた「社員一覧表」「発行図書総目録」は、記録としては貴重でしたが、このたびは割愛しました。かわりに、簡単な年譜を付しています。また、本文中の多くの写真は、幸いにもほとんどの原板が保存してあったため、すべて製版をしなおして、鮮明なものを掲げました。旧版を眺めていると、鉛の凸版で印刷された網点の多い写真には、それなりに味わい深いものがありました。

なお、旧版には、見出しが一切付いていませんでした。このたびの復刊に際し、読者の便を考慮して、全体を「戦前篇」と「戦後篇」に分けるとともに、いくつかの章見出し、小見出しを挿入しました。

創業七〇周年に際し、皆様からの一層のご支援を賜りますよう、改めてお願い申し上げます。

二〇一〇（平成二二）年一二月

株式会社 筑 摩 書 房
代表取締役社長 菊 池 明 郎

第一部

戦前篇——筑摩書房の船出

一　古田晁と臼井吉見の絆

血を分けた兄弟のよう……

筑摩書房の最初の出版は、中野重治の『中野重治随筆抄』で、その奥付によれば、発行は昭和十五年六月十八日、発行所は泰明小学校の前にあたる東京市京橋区銀座西六丁目四番地で、発行名義人は古田晁《あきら》であった。同じ月の二十六日、宇野浩二の『文芸三昧』、それに中村光夫の『フロオベルとモウパッサン』の二冊が同時に刊行された。

この三冊を足がかりとして、お先まっくらな戦時体制下に、ずぶの素人の古田晁が、日本の出版界へ第一歩を踏み込んだのであった。めくら蛇におじずの感もあるが、古田晁には、「ともかく、いい本を出したい」という願いがあり、その同志に編集企画を受け持った臼井

古田三四郎

吉見がいた。このとき、明治三十九年生れの古田晁は数えの三十五歳、臼井吉見は一つ年上で、長野県立伊那中学校の国語の教師であった。ふたりの交友関係は、長く深い。

　長野県南安曇郡三田村田尻に生まれた臼井吉見と東筑摩郡筑摩地村に生まれた古田晁は、県立松本中学校の同級生であった。早生れの古田が数えの十三歳で松本中学へ入学したためである。

　晁の父古田三四郎は、当時、サンフランシスコで日光商会という貿易商を営んでいた。支店を幾箇所も持って、アメリカ移民の成功者のひとりに数えられていたが、ここへ辿りつくまでの三四郎の苦労は並大抵のものではなかった。

　古田晁の郷里には古田姓が多い。ここを発祥の地とした古田一族の歴史は古く、長いあいだ大家長制をしいてきたが、寛永年間、分家制度を採った。このため家族はそれぞれ独立したが、古田一族としてのまとまりを見せ、土豪の面目をたもってきた。古田姓が多いため屋号をもらい、晁の家系は菊屋と称していた。三州街道に面した菊屋は、晁の曾祖父の代に家

松本中学校

運が隆昌した。

父の三四郎は長男で家業を継いだが、放蕩の限りをつくし、妻きくとの間に晁が生まれた年に、単身、アメリカへ渡った。借金で首がまわらなくなったためである。

裸一貫で異国へ逃れた三四郎は、食うために、いろんな筋肉労働に従事した。少しばかりの貯蓄も出来て、貿易会社に勤めるようになった。肉体を使って得る金は知れたものだ、大きな金を握るには、どうしても、頭を働かせて事業をおこすことだと、三四郎は考えるようになった。ついに独立して、日光商会をはじめた。

まだ小学校へあがる前に祖父三千蔵が死に、晁は幼少年期を祖母と母の手で育てられた。「他人に笑われないように」と、晁は、いつも、祖母や母から言われた。

大正十年、日光商会の経営が安定して、迎えに来た父といっしょに母はサンフランシスコへ行った。中学三年生になっていた晁は、祖母とふたりで暮すようになった。この頃から急に背丈が伸びてきた晁は、日蔭に生えた草のように瘦せていたせいか、どこか孤独に見えた。父親の味を知らずに育った晁は、世間並みの考えにしたがえば、不幸な男と言えるかもしれない。アメリカで生まれた、ただひとりの妹が、晁と年齢が大きくひらいているのは、両親の別居が長かったためである。

三四郎は、自分の力で切りひらき、成功させた日光商会を、ひとり息子の晁に継がせようと考えていた。そのため、松本中学を卒えたら、晁が一ツ橋の東京商大へ進むように強く望んでいた。しかし、晁は松本高等学校へはいりたかった。父からこの許可を得ようと太平洋を越えて手紙の往復を重ねているうちに、入学願書の受付期日が過ぎてしまった。

松本中学を卒業した古田晁は、一年間を郷里の小学校で代用教員をしながら、来春の入学試験にそなえて勉学した。尋常科三年生の担任で、月給は三十五円であった。

豪快で、すべてにあきらめがよい父三四郎は、息子の希望をかなえてやろうと思った。古田は松本高校へはいったが、ここで、臼井よりも一年遅れた。

松本高校の近くに臼井が下宿していた。この下宿へ古田もはいった。

臼井は運動嫌いで、よく、軍事教練や剣道の時間は、サボって見学していた。剣道の教師が、落第点を付けるところをお情けで、臼井に五点くれたことがあった。

「お返しします」

と、臼井は剣道の教師の好意を断わってしまった。昂然とした臼井の面魂に、古田は内心驚嘆したりした。

古田は、松本城の濠が凍るとスケートですべったり、また、バスケットでは補欠選手になっていた。

松本高等学校時代（右・臼井，左・古田）

中学五年生のとき、校友会雑誌に小説「ある山小屋での出来事」を発表したりした臼井の文才に、古田は一目おいていた。この小説は姦通問題をテーマにしていた。古田は文学的な野心はなかったが、将来、臼井が文学者として大成するにちがいないと信じていた。臼井は東大文学部の国文科を、また古田は同じ大学の倫理学科を志望していた。古田が倫理学科へ行こうとしたのは、松本高校で倫理を教えていた鈴沢寿の影響であった。

松本高校近くの下宿にいた頃、臼井と古田は、たがいに高校生らしい雄大な夢を語り合っていた。

「岩波書店のなした仕事というものは、ひとつの大学をぶっ建つぐらいの寄与を、日本文化にしているんじゃあないか。ひとつ、どうだい」

「それはいいじゃないか」

という話も出た。古田は、これが出版をはじめる動機になったと言った。

臼井には、高等学校のときの、この会話の記憶は全然ない。ふたりは、毎日のようにだべっていたそうだから、忘れてしまったのだろうか。『蛙のうた』で、〝古田晁は中学校以来の相棒で、大学時代は、下宿も同じだった。倫理学科の卒業を前にした彼から、今後の針路について相談をかけられたとき、僕は言下に、出版をやれ、と言った。この煽動は彼として思いがけないものだったらしいが、独特の勘で、即座に期するところがあったらしい〟と臼井は回想している。

こういう事実もあったろうが、古田の記憶がちがっているとも思われない。高等学校時代の理想は、不可能を信じない、夢想に近いものである。だから、無責任に近い放言の場合もあろう。語った、その人にとって、それほど深い意味を持たなかったのに、受け取る相手が、これをまっとうに信じた場合、大きな作用をする。ほんのたわいのない夢と思っていた臼井は忘れてしまい、古田は、それを、いつの日か実現しようと決意したもののようである。

古田から改めて意見を求められ、その責任を感じて、記憶に残り、そのため、大学時代のことを臼井が覚えていたのではなかろうか。

臼井よりも一年遅れて、東大の倫理学科に入学した古田は、ここでも、臼井と同じ下宿で暮した。古田は、家から月額七十円の仕送りを受けていた。

臼井は国文科にはいって、落胆したようである。『蛙のうた』の中に〝講義のばからしさはおどろくほかなかった。わけても主任の藤村作教授ときたら、英語廃止論などという怪しげなものを、地方青年向きの雑誌『雄弁』に発表するというふうで、その教室の学生として恥かしかった。この主任教授の講義には、どうにも我慢がならなくなり、研究室などのぞく気にもならなかった〟と書いている。これに続いて〝軍部とごろつきが日本を引きずる時代がすでにはじまっていた。払いのけようのない、重っ苦しいものが、襲いかかって来て、どこを見廻しても、息苦しく、暗かった。左翼の学生がしきりにビラをまいた。震災の復興が、はかどらなくて、学内いたるところ、コンクリート・ミキサーと鉄骨の鋲打ちの音響が立ちこめていた。文学部の教室などは、バラックの飯場そっくりだった。就職難も深刻のようで、時代も陰鬱だったが、こっちの心のうちは、もっと暗かった〟と述べている。

臼井が大学三年のとき、在籍したまま、伊那の青年学校で教鞭をとったのも、家庭の事情があってのことであろう。古田と臼井は、同じ下宿で一年間暮したことになるが、ふたりの財布は、いっしょだったのではなかろうか。

臼井と古田は、同じ釜の飯を食った間柄というよりは、血肉を分けた兄弟のようであった。

古田の渡米と結婚

古田は昭和五年の三月、東大を卒業した。出版事業をはじめようと考えていた古田は、資本を出してくれるか、どうか、父親にあたってみた。

「出版というものは全然見当もつかないが、とにかく商売だろう。お前みたいな、学校を出たばかりの青二才で、経験のケの字もない、世間に信用のない者がやったって、うまく行きっこない。商売の道はちがっても、何かのたしになるはずだから、当分、おれのところを手伝って、そのあとでもいいじゃないか。商売の道はちがっても、多少、商売の勘というものが養われるだろうし、その道にはいったとき、卒業ということにはならなくても、五年生か、六年生ぐらいには通じるんじゃないか」

と、父親は言った。説教じみた感じのない父の言葉は、晁の心に沁みひろがった。晁は、父の言葉に一理があると思った。父親の三四郎は、頭に白いものが、かなり多くなっているのに、年に二、三回は、商用で太平洋を往ったり来たりしていた。船旅は、往復にひと月はかかった。古田は当分のあいだ、父の店で働く気持になった。それが自然なような気がしたからである。

古田の生家の隣り村に、宇治栄一という医師がいた。古田の父と宇治は碁敵で、アメリカから帰省すると、よく碁を打ちに出かけた。宇治には、松本高女を出た、と志という娘がいた。古田の父は、晃をアメリカへ連れてゆく前に、直接、宇治に話して、と志を晃の嫁に迎えることにした。

ふたりの結婚は、愛し合っている間柄と見抜いた、親たちの粋なはからいによるものであるらしい。と志は、当時の日本の女性にはめずらしく長身で、六尺近い晃とは似合いのカップルであった。

古田の父は、アメリカ女性に伍しても、決してひけをとらない、すらりと背の高い花嫁を迎えることができて満足だったにちがいないが、また、息子に対する温い心づかいでもあった。身から出た錆だが、三四郎が、単身アメリカへ渡って味わった、言いようのない孤独感を、晃に二度と繰り返させたくはなかった。日本郵船の秩父丸で、アメリカの父の許へ赴く太平洋の船旅は、そのまま、晃と、と志の新婚旅行になった。

日本を離れようとした古田晃は、高崎の連隊へ臼井吉見をたずねた。甲種合格だった臼井は、幹部候補生として、そこへぶちこまれて二カ月目、上等兵になったばかりであった。古田は丙種合格であった。長身で、体重が、それにともなわなかったためらしい。〝外出など許されようもなく、衛兵所わきの待合室で、ボソボソ話しただけで、お茶一ぱい出るわけもなく、なんともみじめだった。満洲事変のはじまる前年のことである〟と、臼井は当時を回想している。

日光商会で、古田晁は社長見習のような位置にいた。父の留守には、晁のサインがないと、一ドルの出し入れもできなかった。

従業員は、日本人、外国人をあわせて八十名ほどであった。サンフランシスコに本店があり、支店が幾箇所にも散らばっていた。高所恐怖症の古田が、その頃、飛行機で飛び廻っていたのは、新婚生活で気力が充実していたからであろう。

まだ、それがはやりはじめの頃、三四郎が甲州で買い占めた水晶の首飾で、大儲けしたかと思うと、カリフォルニアの乾葡萄を大量に、日本へ運ぶ貨物船の船底に積み込んだため、むれて廃棄処分にするという痛手をうけたりした。

古田の父は、事業の損得には、決して、動じた色を見せなかった。

相場が好きで、いつも、大きく勝負をしていた。株で五十万円儲け、横浜を出帆して、ハワイに着くあいだにガラ（相場の暴落）にあい、逆に三十万円の損失になったこともあったが、三四郎は淡々としていた。

出版への摸索と挫折

昭和十一年八月、古田晁は妻子を連れて、日本へ帰ってきた。アメリカで生まれた長男の徹が学齢期を迎えようとして、古田晁は、日本で子供に教育をほどこしたいと考えたためである。

父の家業を継がないで、出版をはじめるつもりだった古田晁の素志が、この帰朝で早まったと言えるかもしれない。

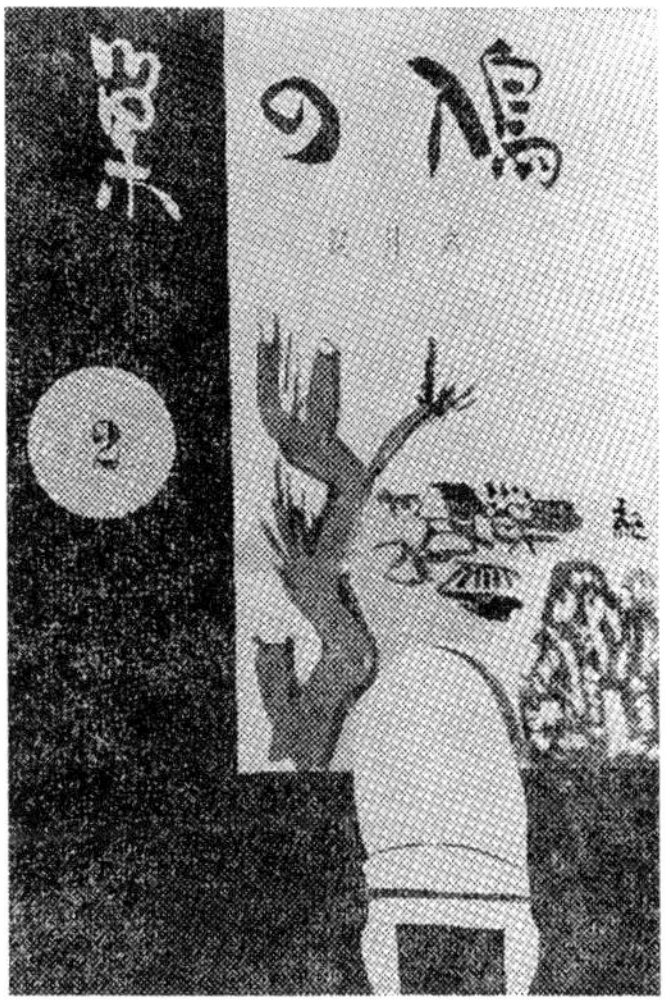

発禁になった『鳩の巣』2号（表紙絵・中川紀元）

翌十二年二月、古田晁は、単身アメリカへ行った。父親と話し合って、出版事業をはじめるためであった。古田晁は、父とのあいだに気持のわだかまりを、ほんの少しでも残したくないと考えていた。

アメリカへ行く前に、古田晁は臼井吉見に会った。もちろん、出版事業についての相談であった。臼井吉見は伊那中学の国語教師をしていたが、仲間で同人雑誌をやる計画中であった。

古田晁は、その同人雑誌の費用を出そうと臼井吉見に申し出て、その条件に、誰が出しているか決して言わないでほしいと付け加えた。

臼井吉見の編集で、伊那から同人雑誌『鳰《にお》の巣』が昭和十三年五月に創刊された。同人は臼井吉見と、高岡市にいた北沢喜代治、それに松本市の田中富次郎の三名であった。三人とも教師なので、休みを利用しては松本で落ち合い、入念に計画を立てた。表紙は中川紀元がかいた。この三人ではじめた同人雑誌の『鳰の巣』は、三号で終ってしまった。北沢喜代治が創刊号に載せた「日之島の女」を宇野浩二が認め、それがきっかけで、北沢の「雁の書」を、『早稲田文学』の新人号に推した。「雁の書」は、文芸時評で伊藤整が採り上げたりした。

北沢が『鳰の巣』二号に載せた「最後の銀貨」のため、雑誌は発禁になり、臼井吉見は伊那の警察へ幾度も呼び出された結果、始末書をとられた。

田中富次郎は、島村藤村の影響をうけた小説を書き、臼井吉見は評論も書いたが、長篇小説「稲妻」を載せはじめたところで廃刊し、中絶した。

どうして、『鳰の巣』が三号雑誌に終ったかは、はっきりしないが、発禁が、教師の立場にあった同人たちに、心理的な圧力を加えたためであろう。

古田晁は、足かけ八年、父の貿易事業を手伝って、身につけたものも多かった。

「そろそろ、出版をはじめたいと思います」

と、古田晁が父親に申し出た。

「やりたいことはやれ」

古田が、ものたりないと思うほど、父親はあっさりしていた。出版資本として、十万円を用意した。

古田晁は、昭和十二年の九月に、日本へ帰ってきた。

京橋区銀座西六丁目にあった日光商会は、アンダーウッドのタイプライターを扱っていた。父が経営している店だから、古田晁は、日光商会へ顔を出したりしながら、出版事業へ瀬踏みをはじめた。

森山譲二

古田晁の遠縁に、森山書店をやっている森山譲二がいた。
森山譲二は信州高遠の出身で、同文館の社主に見込まれて、その娘婿になり、のち独立して森山書店を経営した人である。森山書店は、経理関係の実用書を出版するかたわら、『会計』と

岩波茂雄

いう月刊誌も出していた。

「なにをやる気だ」

と、森山譲二は古田晁にたずねた。

「文芸物をやりたい」

と、古田が答えた。森山は、溝に金を棄てるようなものだと言ってから、

「現金で十万円ぐらいあるなら、銀行へでも預けて、遊んで暮したほうが、なんぼ利口かわからん。もし、出版事業をやりたいなら、おれが金に困っているから、どうだ、共同でやらないか」

と、森山譲二は笑いながら誘った。実用書でも、単行本は回転が遅いので容易ではない、月刊誌で、ほそぼそ食っていると言ったりした。森山は、文芸出版などは問題にしていない口ぶりであった。

古田晁は、郷土の先輩岩波茂雄を訪ねて、その意見を求めた。

「それは止したほうがいい。外から見て考えるのと、内にはいってやってみるとでは大違いだ。どの商売も、そうだと思うが、出版はたいへんなものなんだ。そう簡単にできるものではない」

と、岩波は言った。古田は、少し意外な気持もしたが、あるいは、そうかもしれないと思ったりもした。

古今書院の橋本福松にも、古田は相談した。橋本福松は諏訪の女学校で地歴を教えていたが、やめて岩波書店にはいり、独立して古今書院をはじめていた。この経歴の持主も、結局、出版事業をはじめることには不賛成であった。

自分が心頼みにした三人が三人とも、不賛成をとなえるのは、考えさせることだと古田晁は思った。考え抜いたあげく、文芸出版はやめるべきだと決心した。

橋本福松

古田晁は、伊那に臼井吉見を訪ねて、「だめだった」と、くわしい経過ははぶいて、簡単な結論を述べた。古田は、臼井の期待を裏切ったようで、気持が沈みがちであった。

やる気をなくした古田に、いまさら、すすめてみてもはじまらない気がして、臼井も、深く訊ねようとはしなかった。

朝鮮へ

古田晁に、そのころ、ふたつの仕事が待っていた。

その一つは、アメリカで古田晁の父三四郎のところで働いていた山岸という人からの話であった。山岸は伊那の人で、日本へ帰り、余生を安楽に暮そうとして、朝鮮の新甫という田舎町で、鰯から油を採る工場を経営していた。かなりな老人なので、古田晁に、その工場をゆずりたいと申し込んできた。

もう一つは、松本中学の先輩たちが協力してやっていた富国園という苗木種物会社の朝鮮出張所長の口であった。この橋渡しをしたのは、松本中学で古田と同級だった時田秀実であった。時田は豊科の生れで、旧姓は熊井と言い、一級上の唐木順三と同級だったが、落第して、臼井や古田といっしょになった。熊井は時田家の養子にはいり、のちに豊科の町長になった男である。

富国園の丸山社長は、松本中学の大先輩だが、古田晁は顔馴染ではなかった。

富国園は国策会社で、朝鮮から満洲にかけての禿山を植林するための苗木や、平野を開墾する農民向けの種物などを手びろくあつかっていた。

それまで、朝鮮出張所長は、伊原五郎兵衛という代議士の弟がやっていた。この男がかなりの年配者であるため、時田秀実が古田晁を、後釜に据えようとした。時田は、一種のやり手であった。

古田晁は、浅間温泉の小柳旅館で丸山社長に会うことになった。

「引き受けるか、どうかは、あとの問題にして、とにかく一度、現場を見たらどうだ」

と、丸山社長は古田にすすめた。

鰯の製油工場と、富国園、という、ふたつの経営状態を見るために、古田晁は朝鮮へ行った。

古田晁（昭和16年）

富国園は京城の郊外に大掛りな農場を持ち、そこで種苗を育てていた。大きな取扱品目帳を需要先に配って、通信販売をする仕組みになっていた。杉、落葉松、松の苗木や、大豆などの穀類から、野菜にいたるまでの多種多様な種苗を揃えていた。

広漠とした大陸の原野と禿山が相手の、この仕事は、捉えどころがないほどの拡がりを持っていた。この事業に打ち込んだら、いのちをとられるだろうと古田晁は思った。

そうかと言って、鰯の製油工場主として、朝鮮の片田舎に、そのまま終わる決心もつきかねた。

古田晁は、やはり、迷わずに出版をやろうと思った。じっくり腰を据えて、出版事業に取り組もうと古田が決心したとき、行く手の遠い向うに光がさしているような気がした。

朝鮮へ渡ったことが、出版界にはいる覚悟を古田晁にうながす結果になっていた。

筑摩書房の誕生

昭和十四年の初冬、古田が臼井を訪ねてきて、

「いよいよ出版をやる決心がついた。挨拶状を書いてくれないか、雄大なのがいいな」

と、言った。

「なにか、出版社らしい屋号も考えてみてくれ」

と、頼みもした。

松本高校前の下宿で語り合ったふたりの夢を、いま、実現できるという気持から、古田は当然のことのように臼井に押しつけた。

臼井が最初に考えたことは、解放社とか改造社というような、言葉自体に意味を持った社

名は、決してつけまいということであった。時代がずれると、危険になったり、気恥かしくなったりするから絶対やめて、わけのわからない、意味のない名称で、出版物そのものから、社会に印象が定着するようなものにしようと考えた。そこへ、ふっと、「千曲川旅情のうた」のあの千曲川が浮んできた。臼井は、島崎藤村にあやかって、社名を千曲書房と決めた。「センキョクと読まれるから、筑摩県の筑摩がいい。古田さんの故郷も、もとの筑摩県ですし」

臼井吉見（昭和15年）

と、臼井の妻あやが注意した。あやは旧姓黒岩、古田の妻と志とは松本女学校で、クラスは異っていたが同じ学年であった。

「うまいことを言うな、お前に似合わない」

臼井の考えでは、筑摩というのは、古田の出身の郡と村の名前であるばかりではない、明治の初年までは、松本を中心とする南信一帯と、飛騨を併せて筑摩県と呼んでもいた。筑摩は万葉集の昔から由緒ある地名で、現に旧松本高校の近くに筑摩神社があり、むかしの校庭に筑摩の森というのがあって、大榎が十本ほど聳えている。松本高校で学んだ者にとっては、思い出の深い森で、寮歌にも歌い込まれている。次に考えたのは、訓《よ》み方だ。万葉時代は、いうまでもなく、筑摩神社にしろ、筑摩の森にしろ、すべて「ちくま」ではなくて、「つかま」と訓みならわしている。だから筑摩書房は、つかま書房と訓みたいのは山々だが、この訓みでは天下に通じまい。必ず「ちくま」と呼ばれるにちがいない。そもそも文化はあまねく天下に通ずるものでなくてはならない。ようし！　社名は筑摩書房ということにして、「ちくましょぼう」と名乗ろうと、臼井は考えた。以上が社名出生の因縁である。

照れ臭さなどを蹴飛ばして、古田晁が出版を創めるについての挨拶状を、臼井は一気に書いた。

左のような内容のものである。

つつしみて
紀元二千六百年の
新春を

寿ぎたてまつる

紀元二千六百年の新春を寿ぐことは、わが民族がいま再び一切のものの根源に立帰り、新しい決意と叡智とを探り得て、更に遥かなる前途に向ふ新たなる出発を祝福することであらうと存じます。つねに創むる者の情熱を呼びもどすことであると思ひます。あはれ、あなおもしろ、あな楽し、あな清明《さやけ》と、遠つ世の明るい積極と肯定、まつろはぬ者共を言向けやはして平和と文化の道を拓いた神々の咲《ゑら》ぎの声が、いま直《ぢか》に私共の耳に響いて来ます。この民族の再出発を前にして、私もまた自身をして新たなる出発をなさしむべく、一言御報告申して御指導御援助を冀ひ度う存じます。

今回、私は筑摩書房を起し、書籍の出版普及を以て私の生涯の道とすべく決意仕りました。学窓を去つてからすでに十年、まことに私の「遍歴時代」でありました。たゞこの遍歴が、単なる遍歴に終つたか否かを確めるためにも、私は今後この事業に一切を語らせるつもりであります。まことに今こそ真理と美が、その力を発揮しなければならぬ時であると思ひます。アジヤの覚醒を世界の前に示すために、皇師百万海を渡つて戦ひつゝある時、目覚めた民族の芸文が、自らの生活の樹立を怠つてゐるわけにはまゐらぬのであります。私は微力ながら、敢てこの使命の一翼に参ぜんとするものであります。世はしきりにパルプ饑饉を伝へ、書籍の氾濫を報じてゐますが、然し「イギリス中ニ在ル公私ノ書棚ノ内容ハ、イギリス中ノ酒倉ノ中身ニ較べテミテ、ドレ位ノ価ガアルトオ考へデスカ」といふラスキンの嘆きを現代の日本が免れてゐるとは思はれませぬ。本当の知識は陶冶され試練された知識であり、本当の情熱も陶冶され試錬された情熱であります。正しい知識と情熱の普及が今日ほど急を要する時はあるまいと考へます。然し私は徒らにパルプを消費しようとするものではありませぬ。このパルプ饑饉のさなかに、敢て出版事業を企てる私にとつて、かの太古の哲人たちが、木を切り、竹を割き、一字一字を彫りつけて、正しい知識と情熱とを世に広めたことに思ひをいたすことは、おのづから私をして決意せしむるものがあります。

新春に当り貴下の御繁栄を祈り、併せて微意の一端を申述べて、偏へに今後の御援助を懇願し奉ります。

頓首

昭和十五年一月一日

筑摩書房　古田晁

東京市京橋区銀座西六ノ四

この挨拶状が刷り上ったとき、古田晁が吉田晁になっていたが、そのまま気づかず、各方

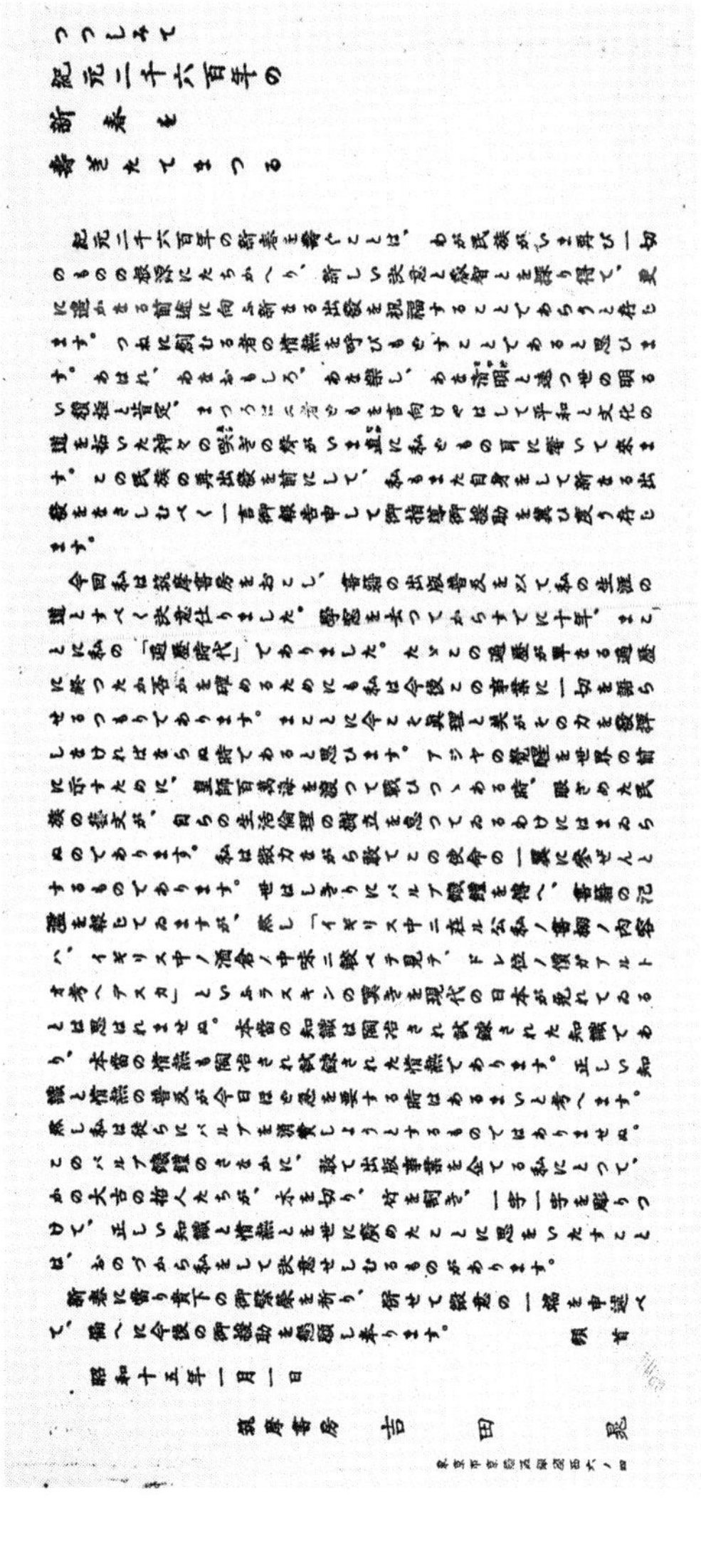
つつしみて
紀元二千六百年の
新春を
壽ぎたてまつる

紀元二千六百年の新春を壽ぐことは、わが民族がいま再び一切のものの根源にたちかへり、新しい決意と叡智とを握り得て、更に遙かなる前途に向ふ新たなる出發を祝福することであらうと存じます。これに列なる者の情熱を呼びもどすことであると思ひます。あはれ、あなおもしろ、あな樂し、あな清明と遠つ世の明るい歡喜と讃美、まつろはぬ者どもを言向けやはして平和と文化の世を拓いた神々の咲ぎの聲がいま遠に私どもの耳に響いて來ます。この民族の再出發を前にして、私もまた自身として新たなる出發をきざしむべく一言御挨拶申して御指導御援助を冀ひ度う存じます。

今回私は筑摩書房をおこし、書籍の出版普及をもつて私の生涯の道とすべく決意仕りました。學窓を去つてからすでに十年、まことに私の「遍歴時代」でありました。たゞこの遍歴が單なる遍歴に終つたか否かを確めるためにも私は今後この事業に一切を語らせるつもりであります。まことに今こそ眞理と美がその力を發揮しなければならぬ時であると思ひます。アジアの覺醒を世界の前に示すために、皇師百萬海を渡つて戰ひつゝある時、眼ざめた民族の發光が、自らの生活倫理の樹立を怠つてゐるわけにはまゐらぬのであります。私は微力ながら敢てこの使命の一翼に参ぜんとするものであります。世はしきりにパルプ饑饉を傳へ、書籍の氾濫を歎じてゐますが、然し「イギリス中ニ在ル公私ノ書棚ノ内容ハ、イギリス中ノ酒倉ノ中味ニ較ベテ見テ、ドレ位ノ價ガアルトオ考ヘデスカ」といふラスキンの歎きを現代の日本が免れてゐるとは思はれません。本當の知識は陶冶され試煉された知識であり、本當の情熱も陶冶され試煉された情熱であります。正しい知識と情熱の普及が今日ほど急を要する時はあるまいと考へます。然し私は徒らにパルプを消費しようとするものではありません。このパルプ饑饉のさなかに、敢て出版事業を企てる私にとつて、かの大古の哲人たちが、木を切り、竹を削ぎ、一字一字を彫りつけて、正しい知識と情熱とを世に殘したことに思ひいたすことは、おのづから私をして決意せしむるものがあります。

新春に當り貴下の御隆榮を祈り、併せて微衷の一端を申述べて、偏へに今後の御援助を懇願し奉ります。　謹言

昭和十五年一月一日

筑摩書房　吉田　晁

筑摩書房創業挨拶状

唐木順三『現代日本文学序説』

面へ郵送した。古田がひとりで、印刷所に掛け合い、校正刷にも眼をとおしたのだから、自分の名をまちがうはずはないのだが、吉田晁になっていた。これは、古田晁を考える場合の参考資料になるだろう。古田晁は、自分を自分で粗末にあつかうようなところがあり、また、含羞の人である。この二つが、相互に複雑にはたらいて、古田晁が吉田晁になったのではなかろうか。

ここで、また、『蛙のうた』から借りると、次のように回想している。

唐木順三と会う

〝挨拶状をくばると、古田晁と連れ立って、千葉県成田へ出かけて行った。彼を唐木順三に紹介するためだった。唐木順三は、中学で僕らより一年上級だったが、古田晁はそれまで直接には知らなかったからだ。

唐木順三は、さきに奉天の教育専門学校の教授をしていて、軍隊を終えたばかりの僕に誘いをかけてくれた。ものぐさの僕は、満洲まで出かける気にはなれなかった。同校はまもなく廃止ときまって、彼は帰国して、成田のお不動様の経営する女学校の教師になっていた。

彼は、数年前、すでに『現代日本文学序説』の著者であった。平野謙は、本書によって、近代日本文学史についての眼を開かれたと語っている。これについての三十枚に及ぶ書評が、平野氏の世に発表した最初の文章だったという。「プティ・ブルジョア・インテリゲンツィアの道」という副題がつけられていたというから、その批評が、どんなものだったかの見当はつく。同時にまた、唐木順三の最初の著書のおよその性格も察しがつく。左寄りではあっても、精鋭な平野氏を満足させるまでではなかったということになる。

唐木順三が、はじめて世に問うたのは、「芥川龍之介の思想史上の位置」と題する評論で、芥川龍之介を強く否定することで、これを超えようとする熱っぽいものであった。三木清の推薦で、岩波書店の『思想』に発表されたが、前記の書には、歯切れのたしかな、この種の作家論が収められている。

彼を成田にたずねたとき、客よりは主人が、したたかに酔った記憶はある

唐木順三（昭和16年）

が、なにを語ったかは思い出せない。しきりに引きとめてくれたが、辞して帰る暗い町通りを、彼の大声が響きわたったこと、汽車に乗り込んだ僕らに向って、改札口で、なにやらまだ、わめいていた姿だけは浮んでくる。

彼は、西田幾太郎を慕って、大学は京都の哲学科へ行ったため、ほとんど語り合う機会がなかった。酒についての実力のほども、このとき、はじめて知らされたのだった。天成の素質もあろうが、奉天あたりでの習練のたまものかと思った。

いま考えてみると、この成田時代すでに、いくらか隠者風をおびていたが、思想的には摸索時代だったと思われる〟

その頃、唐木順三は成田がいやになっていた。古田は唐木の人柄に惚れ込んで、東京へ出て来いと、さかんに手紙を出した。唐木の言い方にしたがうと、「ラブレターのような手紙」であったという。唐木は、長野県上伊那郡宮田村の出身である。

唐木が筑摩書房を訪ねると、古田は、近くのバー・サロン春へ連れて行った。唐木は「き

高藤武馬（昭和15年）

れいな女どもがいたので、びっくりこいた」そうである。成田へ帰ると、また、出て来いという手紙が舞い込む。こんなことの繰り返しで、昭和十五年の四月に、神奈川県川崎市にあった法政二中の教頭をしていた高藤《たかとう》武馬の世話で、この中学へ移り、筑摩書房の顧問格になった。

高藤武馬は広島県の出身で、広島高校を経て東大国文科を卒業した。高藤は春陽堂主人の援助を受けて学校を出たので、卒業後は春陽堂に勤めて編集にあたっていた。三木清の紹介で、昭和七年、唐木順三の処女評論集『現代日本文学序説』が春陽堂から刊行されたときから、二人は親しくなっていた。

中野重治・宇野浩二・中村光夫——三人の著者による出発

岩波書店版『近代日本総合年表』の昭和十五年「社会」欄に、六月十八日、古田晁、筑摩書房創業となっており、また日本書籍出版協会編『日本出版百年史年表』にも、六月十八日、文芸・学術書出版の筑摩書房創業と出ている。筑摩書房の創業記念日が六月十八日なのだから、これは当然なことだが、社会通念にしたがえば、創業の挨拶状の日付、昭和十五年一月一日であるべきだとも考えられる。古田晁が処女出版の『中野重治随筆抄』の奥付発行日の昭和十五年六月十八日を創業の日に決めたのは、形をなしたときから、筑摩書房が創まるという考えに立脚している。これは、きびしい創業精神といわなければならない。一冊の本として、形を示した存在にだけ、筑摩書房があるという根本理念の表白なのである。

新しく出版をはじめることが無理な時代に、中野重治を選んだことについては、駈出しの出版社が、仮りにねらいをつけたとしても、著者がたやすく承諾をしないだろうと考えたと、臼井吉見は述べているが、ともかくこれは、中野重治の作品に臼井が傾倒していたことを示すものである。臼井は東大にはいってから、同人雑誌『驢馬』に載っていた中野の詩や短い評論にひかれ、それからは、中野の書くものは、ほとんど残らず読みあさってきた。

中野重治は、昭和十三年に、執筆禁止になった。そのため、東京市職業紹介所を通じて、東京市社会調査局千駄ケ谷分室の臨時雇になった。戦時体制下で、危険な影響をあたえると思われ、軍官当局にとって好ましくない存在という烙印をおされた執筆者たちのブラック・リストが出来ていた。これを編集者に匂わせる仕組みで、執筆を依頼できないようにする、巧妙な弾圧政策をとっていた。だから、直接、本人に対して、執筆禁止処分にするという命令を伝達するものではない。しかし、出版物に対する検閲制度があるので、発売禁止をおそれる編集者は、危険人物と見られる執筆者のところへ寄りつかないようになった。中野重治が執筆禁止の措置をうけたということは、こういう意味を持っていた。

臼井吉見と古田晁が、中野重治の随筆抄を出版しようと考えたとき、執筆禁止がゆるみ、

「歌のわかれ」、「空想家とシナリオ」を発表し、臨時雇をやめてはいたものの、出版社にとっては、要注意人物であったことには変りはなかった。

昭和十五年の早春、臼井と古田は、誰の紹介もなしに、豪徳寺の中野の住居をたずねた。古田は、大学で倫理をやったと言い、おやじは商売をやっているが、自分は新しく出版をはじめたいと、簡単な自己紹介をしたらしい。そして、臼井を、「これは、ものを書こうとしている男だからよろしく」と、中野に紹介した。古田がこのように中野に申し出たので、臼井は、どぎまぎした。これで見ても、古田は臼井に、自分の仕事を手伝わせようと考えるよりも、臼井の将来を考えてくれたものと判断して、臼井は古田の友情を感じたという。

古田晁という大男と、恰幅のよい臼井吉見というふたりの男が、突然あらわれて、本を出させてほしいというので、中野重治は奇異な思いに駆られたらしい。この間の消息を、中野重治は「ぼくがむげに斥けかねたのは、臼井君が実にぼくのものを、くわしく読んでいて、なんか、ぼくが高等学校の校友会雑誌に書いたものまで読んでるみたいなんだよ。そういうわけで、全然知らん人間だけれども、片っぽうの本屋をやるという男は、さっき言ったような自己紹介の仕方をするし、一緒に来た男は、ぼくのことをよく知っている。ぼくの忘れているものまで読んだりしているものだから、それに、あの時期は、ああいう時期だから、本屋をやり始めるについて、ぼくのものを出そうという本屋はどこにもないんだ。まったく奇特な話だし、こちらとしては、たいへんありがたいので信用する気になったのと、そういうような話の持ってこられ方だと、敵視しかねる。そんなわけだったね」と、語った。これは社史のために開いた座談会の一部だが、このねちねちした表現に、当時の印象が濃厚に出ているように思われる。

臼井は、このときの感じを『蛙のうた』の中で〝古田晁と二人で、豪徳寺の家を訪問した。道路に面して竹屋があって、彼の家は、それと背中合せだった。僕は初対面の人と気軽に話せるたちではなく、相手ときたら、それに輪をかけたものといっていいだろう。用件だけをしゃべってしまうと、もう話はなかった。床の間にもちこまれた本棚の東洋美術史関係の本の背中を眺めながら、出されたお茶が、こりゃ上等だナと思った記憶がある。随筆集を承諾してもらって、引き揚げた〟と、簡潔に書いている。

宇野浩二

宇野浩二の『文藝三昧』を出そうと言ったのも、臼井であった。最初は、『中央公論』に発表した「器用貧乏」を柱にして、創作集を出すつもりであった。

宇野は創作集は断わり、「母のなつかしい玉手箱」という随筆集なら、やってもよいと古田に言った。古田が、さっそく、電話で、伊那の臼井に相談すると、「そんなものは断われ」と言った。その結果が『文藝三昧』ということになった。

宇野浩二は、

「出す本が、きまっているのか」

と、古田に訊ねた。

「確実には、無いんです」と答えると、「それじゃあ、中村光夫という男がいる、そのうち、りっぱな評論家になるから、これを貰え」と、宇野はすすめた。この相談を古田から受けて、臼井は、宇野浩二の目ききに敬服したという。

中村光夫（昭和13年）

『文學界』で、中村光夫のモウパッサン論やフロオベル論を読んで、臼井は深い感銘を受けていた。『文學界』に連載された「ギイ・ド・モウパッサン」を書いた頃、中村光夫は、まだ東大生で、たしか、二十二、三歳であった。モウパッサン論を書いて、このまま、すぐにこの青年が死んだら、天才といわれるだろうと、臼井は、ひそかに考えたものであった。だから、『フロオベルとモウパッサン』は、ぜひ、出したいと思った。

そのとき、中村光夫は、東京から兵庫県の西宮の父親の家へ行っていた。古田は、そこへ追いかけて行った。旅先まで、出版社の社長が、わざわざ訪ねて来るなどということは、当時の中村光夫には、考えようもないことであった。

中村光夫は出版の交渉を受けて、なんとなく、古田という、この筑摩書房の社長は、自分の作品を読んでいないらしいと思った。

「こんなものを出して、お宅は損をするだろうから、よしたほうがいいだろう」

と、言った。

古田晁は、鋤焼の鍋から出した箸をひっこめて、

「宇野浩二と中野重治を出すが、それにあなたを入れると、なんとなく、筑摩書房の方向が決まるんだが……」

と、ぼそっと言い、大きな掌で、顔の脂汁をぬぐった。

中村光夫は、それほど自分を認めてくれるなら、出してもいいかなと思って、承諾した。

その折、ビールをすすめた中村の記憶では、古田晁はまだ大酒家ではなかったようである。

「出版屋というものは……」

こうして三冊分の原稿がはいったものの、どのようにして本を作るか、古田は、もちろん、見当もつかなかった。

唐木順三が知っていた上田庄助という人の印刷所で、刷ることに決まった。工場は芝の浜松町にあった。

用紙事情がひどく悪化していたが、この三冊は、紙附き印刷だった。のちに、唐木の知人の紹介で、大同洋紙店の三井長三という人を知った。この人は、高い闇値ではなく、比較的安く、印刷用紙を提供してくれた。

中村光夫は、その頃、外務省の情報部の嘱託であった。フランスへやってもらえる約束と、出勤時間が昼頃からというのが、魅力であった。仕事は、国内の新聞記事の主なものを縮め、それに同盟（通信社）の無線を借りて世界中のニュースを採り入れて、新聞のようなものをつくることであった。外務省の人事異動は、かならず載せることになっていた。仕事の性質上、夜の八時頃までいた。そこへ、古田晁が、よく仕事の相談に来ては、中村光夫を誘い出し、飲んだり、食べたりした。古田晁は、その頃、銀座の滝山とサロン春を根城にしていたらしい。

中村光夫は、情報部にはいたが、古田のブレーンになって、編集企画などにも関係していた。

中村光夫に連れられて、古田晁はセビアンに行った。このバーは銀座の天金の裏側にあった。そこにたまたま、小林秀雄、河上徹太郎、青山二郎と、創元社の小林茂がいた。ここは創元社の溜りであった。

中村光夫が合流しようじゃないかと古田晁を誘って、いっしょに飲んだ。このとき、中村が、

「筑摩書房の古田です」

と、みなに紹介した。

古田晁は、中野重治と中村光夫の装幀を頼んでいた青山二郎とは顔馴染だったが、他の人たちとは初対面であった。

小林茂は、

「それじゃア、家来にしてやる」

と、古田に言った。

「お願いします」

と、古田晁は小林茂に最敬礼した。古田晁は、青山二郎とも、このときが初対面だったと

記憶しているが、「創元坊主は、ぼくが古田に紹介したんだ。両方とも呑めないもんだから、おれを頼りにして銀座を歩いたんだ」と、青山が語ったのが正しいようだ。仲間うちで、創元社の小林茂を、創元坊主と言い、青山二郎をジーちゃんと呼んでいる。これを機会に、古田は、名だたる「青山学院」の生徒になった。

青山二郎が語る古田はその頃、コップに半分ぐらい呑むと真赤になったという言葉は、だいぶ疑わしいが、酒好きではなかったことは事実であった。いまだに、酒の味がわからないと、古田晁は自ら語ってもいる。

古田晁の帰宅は、それから、夜中の二時、三時になった。古田の住居は世田谷等々力にあったが、いつも、終電を過ぎているので、銀座の帰りは自動車を拾った。当時、新橋から、四、五円の料金であった。

「出版屋というものは、こんなに毎晩呑まないといけないものですか」

と、古田晁の妻は訊ねた。

「おれも、はじめる前は知らなかったが、そういうもんだ」

と、古田は平然としていた。

古田晁は、中村光夫や青山二郎や吉田健一を連れて、いっしょに帰ることがあり、そこで呑みなおしてから寝ることもあった。吉田健一は、この年の十月に、ヴァレリイの『ドガに

和田英雄（昭和16年）

就て』を訳して、筑摩書房から出している。青山が、「ヴァレリイ全集」を吉田健一ひとりの訳で出版させたいと言った噂が流れて、仏文学者連中のうらみを買ったのも、この頃である。

朝になると、二階へ古田晁の次男の剛が上ってきて、

「おじさん、起きてよ」

と、声をかけた。

むこうで仕込んだアメリカン・イングリッシュのまじる古田の妻の話し方には、清鮮な感じがあった。朝は、トーストと洋食が出て、子供が踊って見せたりした。すべてが、アメリカ式の生活であった。

卒業すれば男になれるという「青山学院」の勉学に、古田晁は打ち込んでいた。古田は、古たんぼと呼ばれていた。この頃、古田晁は、創元社や白水社のような出版社になりたいと思っていたようである。

『中野重治随筆抄』と『フロオベルとモウパッサン』は青山二郎、『文芸三昧』は、鍋井克

最初の新聞広告

之の装幀であった。この色もののオフセット印刷は、上田庄助の紹介で、神田にあった製版所に頼んだ。

古田は、ここへ自動車で催促に通った。

「出版というものはたいへんなもので、催促に自動車を乗りまわすようじゃ、うまく行きっこない。もっと地味に、覚悟をしてかからなきゃだめだ」

と、そこの主人から釘をさされた。浪費していると思われたからであろう。この、催促に自動車を使ったのは、やり過ぎとしても、古田には、こういう考えがあって、少しでも金をかけたほうが効果があがるという場合は、決して出し惜しみをしないところがある。一般の出版社は、あまり、見た目にちがいがなかったら、製作費を下げる意味で、安い方をとるのが原則である。これは出版社に限らず、経営者の誰もが考えることであろう。宇野浩二は『文芸三昧』の装幀で、いろいろと注文をつけたらしい。

古田は著者の気がすむまで、幾度も、やりなおしをした。

出版のシステムを知った人が必要だと考えた古田晁は、高藤武馬に相談し、その推薦で和田英雄を、昭和十五年四月から入社させた。和田は春陽堂の営業にいた人である。その外に古田の遠縁にあたる青木民江という女性がいて、事務をとっていた。

さて、この三冊の本は、みな二十連とか二十五連の本文用紙の刷りっぱなしだから、端数が出たが、どの本も二千部たらずのものであった。

古田晁は、本屋に並んでいる新刊書にあたってみて、それに似合うと思う定価をつけた。和田英雄が原価計算をしたら、この定価では、全部売り切ったとしても、赤字だったそうである。

この三冊の広告は、昭和十五年六月二十九日付『朝日新聞』朝刊の第一面に出た。これは、筑摩書房の最初の新聞広告であった。

この広告文案は、伊那にいた臼井吉見が書いた。臼井は原稿用紙に幾枚も幾枚も書いた。最初に手がけたこの三冊が出ることで、興奮した臼井は、広告文案の約束も忘れて、かなり長い感想文になっていた。

これを受け取った和田英雄から、

「広告文は、数行の長さのものですよ」

と電話が来て、臼井はやりなおしたそうである。

東京日日新聞社の『時局情報』、それに東洋経済新報社と改造社の単行本の広告といっしょに、筑摩書房の広告が出ているが、隅をあけて、充分ゆとりを取り、気品のある出来栄えを見せている。この広告は和田英雄が作ったものである。

和田英雄は清秀な風貌の背の高い青年で、いつもひげ剃りあとが青々としており、若い女性によくもてた。広告のレイアウトだけでなく、装幀造本にもいいセンスを持っていた。社内で装幀した本は、すべて和田英雄の手で作られた。

情報部勤めに、いやけがさした中村光夫は、

「辞めたら、筑摩で雇ってくれねえか」

と、古田晁に言うようになった。ドイツ軍にフランスが攻め込まれて、中村がたのしみにしていたフランス行きの当てがはずれたことも原因らしい。昭和十六年二月頃、中村光夫は筑摩書房の嘱託になった。週二、三回出勤する約束で、月給は百円であった。実質的には編集顧問であった。

中村光夫は、この頃、新婚生活にはいっていて、定収入が必要であった。当時の文士のしきたりとして、結婚式などは挙げなかった。

古田晁の肝煎りで、結婚披露宴をやることになった。場所は目黒茶寮であった。

案内状は媒妁人の青山二郎が書き、凝った候文であった。

案内状の宛先は、新郎新婦の親戚や新婦の友人は、いっさい省き、中村光夫の友人だけに限られていた。このため、結婚した中村光夫を肴にして呑む会の形になった。差出人は青山二郎の個人名になっていた。この披露宴に出席した吉田健一が、牧野伸顕に話したら、明治維新前の結婚式はこの形式だったと教えたそうである。

この披露宴は大荒れに荒れて、会場のあちこちで取組合いの喧嘩がはじまり、西村孝次が誰かに跳ねとばされたり、酔っぱらった新郎の中村光夫に斎藤正直が怒鳴られる始末。斎藤は豊島与志雄の教え子で、明治大学の講師のかたわら、この頃、筑摩書房の嘱託をしていた。この披露宴では、テーブル・スピーチなどという、くだらない形式的なものはひとつもなかった。

いまは、お釈迦様のように納まりかえっている中村光夫も、この頃は盛んに酒を呑んでは、誰彼の差別なく、しつこくからんで、喧嘩を売っていた。師匠筋の小林秀雄の影響であろう。

竹之内静雄の入社

竹之内静雄が筑摩書房へ入社したのは、昭和十六年の三月一日であった。竹之内は京都大学の支那哲学科出身で、学生時代に、野間宏、富士正晴と同人雑誌『三人』をやった哲学青年であった。支那哲学科に学んだ竹之内は、深く吉川幸次郎に師事していたが、フランス文学科の落合太郎の推薦で、この前年三月にK書房に入社した。

若い竹之内静雄は、すぐれた原稿を、それにふさわしい最良の本に作り上げることを第一の願いとした。社長も、編集長のMも、この新入社員に嘱目した。K書房は大型出版社で、社員の数も多く、戦時体制下で、用紙、印刷、製本事情が日に増し悪化してくる情勢のなかで、竹之内静雄が期待しているような、一流主義を押しとおすことができないように思われた。

竹之内静雄（昭和14年）

竹之内は、自分が担当した単行本に、一度も校正刷に目をとおすことができなかったための多くの誤植を発見して落胆したり、また、出来上った新刊の製本がぐずぐずで、これでは著者に顔向けができないと、製作部へどなり込んで、著者に届けるはずの見本を叩きつけたりした。竹之内静雄は、結局、自分はK書房という水に棲むことのできない、一匹の魚だと思うようになった。一般の出版社から見れば、K書房は良心的な出版社であったかも知れないが、ひたすら高きを求める竹之内静雄を満足させる出版社ではなかったのであろう。

就職がむずかしいときに、教えを受けたこともない落合太郎がK書房へ推薦してくれたことが、辞めようと思う竹之内の足止めになっていた。

そのうち竹之内は、公然の秘密だが編集長のMが悪いことをしていると、同僚から知らされた。

M編集長は、竹之内と、同僚のSという編集者を池袋の待合に連れ込み、女をあてがって籠絡しようとかかった。若いふたりがMと闘う決心をしたのは、この時であった。なけなしの自分達の財布から支払を済ませたのち、二人はMの悪事を暴露して、社を辞めようと語り合った。のちになって、二人が払った待合の支払を、M編集長が交際費として会社から取ったこともわかった。

自分の悪事をあばいた二人を、編集長のMは心から憎んだ。目をかけてやった奴に裏切られたと思ったことであろう。

竹之内は京都へ行き、落合太郎にあって、辞めたい事情を述べた。昭和十六年の一月十七日であった。

「君は社へ帰ったら、すぐ辞表を出しなさい。君の将来は私が引き受けよう」

と、落合太郎は言った。

二月十一日、紀元節の祝日で社は休みであった。竹之内は羽織袴で社長の自宅へ行き、辞表を出した。

それから、しばらくして、上京した落合太郎から竹之内静雄へ呼出しがかかった。場所は神田一ツ橋の学士会館であった。

「岩波茂雄君に話したら、君を採用すると言っている。岩波書店ではどうか」

竹之内静雄は、自分の就職のために、わざわざ落合太郎が上京してくれたことを知った。

この少し前、竹之内は古田晁に会って、筑摩書房で働く決心をしたばかりであった。

古田に紹介したのは、中村光夫であった。

K書房にいたとき、M編集長に命ぜられて、中村光夫から単行本の原稿を竹之内は貰ってきた。これを読んだMは、

「これは、どうも売れそうにもないから、返して来い」

と、言った。まだ編集一年生の竹之内は、辛い思いをした。すぐれた作品でも、採算が合わないとなれば、一度頼んで貰ってきたのに編集者は断わらなければならないものだろうかと、思い悩みながら中村光夫に会った。

理由を話して、申訳ないことですが、引き取ってもらいたいと竹之内静雄が言ったとき、

中村光夫は、「まあ、いいだろ」と、ぶっきらぼうに言った。

「こんな失礼なことをしたのですから、社の編集部員としては、二度とものをお願いにあがりません。けれども、もし、個人として今後もお付合いいただけるなら、たいへん、ありがたいのですが……」

と、竹之内は頼んだ。

「ああ、いいよ」

中村は、はじめて笑顔を見せ、帝国ホテルで御馳走してくれた。竹之内は、木戸御免のゆるしが出たので、中村のところへ出入りしていた。そのようなことがあって、竹之内は、K書房を辞める決心をしたときも、中村光夫には話していた。

吉田健一が訳したヴァレリイの『ドガに就て』は、初版が二千部だったが、増刷するたびに売れて、一万部近い成績をあげていた。戦時体制下の息苦しい雰囲気から逃れたい気持が読者にはあったらしい。装幀者の青山二郎の発案で、わざと本文用紙に粗雑なものを選び、アンカットにしたのもよかった。挿絵の選定もゆきとどいて、瀟洒な造本であった。

「本屋には背骨がいります。精神の鎖国をおしつけられている今のような時世にこそ、ポオル・ヴァレリイの全集を出したい」

まだK書房にいた頃、竹之内静雄が「ヴァレリイ全集」を出そうと強く提案したが、一蹴されてしまったことがあった。

中村光夫の頭のなかでも、「ヴァレリイ全集」が、組み立てられたり、崩されたりしていた頃のことである。

青山二郎は、竹之内静雄を古田晁に推薦したと語ったから、ふたりのあいだにも、竹之内のことが出たかもしれない。青山二郎は、斎藤正直も筑摩書房に入れたともいう。古田は青山二郎の魅力にひかれて、花園町にあった青山のアパートに入りびたりになっていた。木造三階建のコの字型に建った、古めかしいこのアパートは、八戸に分れていた。ここには誰かれの恋人が住んでいた。この恋人アパート村の村長は口髭をはやした青山二郎で、部屋のなかを贅沢に作って、おさまりかえっていた。石田愛子も、このアパートの住人で、弟が筑摩書房に勤めたが、からだが弱いため、じき辞めてしまった。

古田晁に初めて会った竹之内静雄は、その夕方から夜半過ぎまで、徹底的に呑んだ。古田は、新しく社員を採用する場合、実地に、その呑みっぷりをたしかめて、判定したようだ。現在のように大学新卒を試験で採る制度に変ってからは、古田は人物考査に、この手を用いているらしい。古参の編集者のなかには、古田が、その呑みっぷりに惚れ込んで、バーから拾い上げた編集者も、幾人か、いるはずである。

竹之内静雄は、酔いしれた頭のなかに、

「筑摩書房は創業一年足らずだ。君に来てくれといえるような出版社ではない。けれども、もし来てくれるなら、編集のことは、いっさい君にまかせる。来てくれないか」

と言った古田の言葉を、記憶している。まだ駈出しの編集一年生に、深い信頼を示す古田晁の言葉は、働くなら、この人のもとで、という気を、竹之内静雄におこさせずにはいなかった。竹之内は、筑摩書房にはいる決心をした。古田晁という人間に、竹之内は、惚れ込んでしまったのだ。

落合太郎に呼ばれて、岩波書店で働けと言われたとき、

「私は、岩波書店は、日本一の立派な出版社だと思います。これ以上のところはないと考えますが、いわば、もう出来上っているともいえます。先日、中村光夫さんの紹介で、古田晁という人に一晩、会いました。そうしたら、私に来いと言われました。創業早々で、海のものとも、山のものとも分りませんが、私はこの人のもとで仕事をしてみたいと思います」

と、竹之内は言った。

「うむ、君の考えはなかなか面白い。しかし、古田という人が、どんな人物か、わからない。私が会ってみる」

落合太郎は、その晩、古田晁と食事を共にした。

翌日、また呼び出された竹之内に、

創業当時の筑摩書房（スケッチ・阿部合成）

「ああ、あの古田君は、見どころがある。君は行ってよろしい。行きなさい。岩波君のほうは、私が断わっておくから差支えないよ」

と、落合は言った。

竹之内静雄は、筑摩書房で、正式な編集員の第一号であった。

自分の読みたいものを

竹之内が入社した当時は、斎藤正直が嘱託として週三回ぐらい出勤し、編集の仕事にたずさわっていた。和田英雄は、竹之内より前から常勤で、営業と製作を受け持っていた。それに、経理をやっていた青木民江がいた。

週に一回の編集会議があって、それには唐木、中村の両顧問が出席した。会議には銀座並木通りのイスパニョールの中二階なども使った。このバーはK書房の縄張りで、編集顧問の豊島与志雄、中島健蔵、三木清などが、よく会合の流れには、この店へ立ち寄った。

筑摩書房は、まだ、株式会社になっておらず、古田晁、唐木順三、中村光夫、竹之内静雄、和田英雄、斎藤正直、青木の外に、伊那中学から松本市の女子師範に転任していた臼井吉見を加えても、総勢八名であった。古田、竹之内だけでなく、唐木、中村もまた、執筆依頼や原稿をもらいに著者廻りもした。唐木や古田から、臼井のところへ、しきりに東京へ出て来るように言ってきた。臼井は、都会生活がきらいで、どうしても気がすすまず、松本にいても、筑摩書房を応援できると思っていた。臼井吉見が東大を出て、福島県の双葉中学から伊那中学へ移り、また、松本女子師範に転任したのは、大都会の騒音から離れて、静かな書斎生活に打ち込み、自力を養いたいためだったのではなかろうか。また、いつ、赤紙が来るかもしれないという不安もあった。伊那中学で同僚だった教師のうち、すでに二人が戦死していた。

伊那時代に、臼井吉見は中野重治あてに長い手紙を書いた。中野重治が短い形で、斎藤茂吉に就いて書いたものを、ぼつぼつ発表しているのを読んだ臼井は、まとめて書かせたいと思ったからであった。そのことを語った中野重治の言葉を速記から引くと「臼井君から斎藤茂吉のことを書けと言われた。僕がチョロッチョロッと細かく書いていたのをつかまえて、お前は斎藤茂吉のことをチョロッチョロッと書くだけじゃなくて、まとめて書く責任があると言うんだね。かなり理詰めだったね、あの話は。あれには僕は参っちまってね。参ったが、また非常に理詰めに責任があるっていうふうに言うということは、僕は断片的なものしか書いてなかったのに、それを読んでくれていたということで、感奮させられるところもあったしね」ということになる。

この臼井吉見の手紙が呼び水になって、中野重治の茂吉論が分載発表されはじめた。まとめられて『斎藤茂吉ノオト』になった。昭和十七年六月、筑摩書房から刊行。この名著は筑摩書房の声価をたかめた刊行物のひとつである。臼井は臼井なりに、遠くにいながら、力を貸してはいた。

深瀬基寛が訳したクリストファ・ドウソンの『政治の彼方に』は、唐木順三の関係で、鈴木成高が推薦してきた。唐木と鈴木とは、専門は違っても互に相許すところのある仲であった。深瀬基寛は鈴木成高夫人の叔父にあたるが、この名訳は、ドウソンをはじめて日本へ紹介した意味で、記念すべき出版になった。

唐木順三は、鈴木成高に「世界史」を書かせようとして、古田といっしょに、かなり京都へ通ったが、結局、ものにならなかった。

浅井真男が訳したベルトラムの『ニーチェ』、高桑純夫が訳したアウグスチヌスの『ソリロキア』も、唐木が手がけたものであった。

入社して間もない頃、竹之内静雄が、唐木順三に、どういうものを出版しようと思うかと尋ねられたことがあった。それが最初の編集会議の席であったように竹之内は記憶している。

「私たちが自分で読みたいようなものを出したいと思います」

と、竹之内は答えた。

『富永太郎詩集』は、中村光夫の関係かららしい。中村の記憶は薄れているが、青山二郎のはからいで実現したようだ。

武者小路実篤の『自画像』は、唐木と古田が行って、出版の約束はできたが、入稿までに古田はお百度を踏んだ。

尾沢良三の『女形今昔譚』という珍しい本も刊行された。尾沢は、神楽坂にあった尾沢薬局の息子で、東大の国文科を出て、中村吉右衛門の座付作者をしていた。

金に糸目をつけず

太宰治の『千代女』を推したのは河上徹太郎でなかったかと、中村光夫は言うのだが、あまり、はっきりしない。K書房時代、雑誌『C』に何回か短篇小説を書いてもらったことのある竹之内が、太宰治のところへ入社の挨拶に行ったとき、「君は日本一贅沢な本屋へはいったな」と言われたそうだから、その頃、太宰治と筑摩書房即古田晁とは、すでにかなり深い交渉があったものと考えられる。

『千代女』の装幀は、阿部合成であった。阿部は、太宰と同郷の遊び仲間でもあった。

『千代女』が出来たとき、阿部といっしょに来た太宰は、

「この男は、かならず偉くなる画家だから、最高の装幀料を払ってくれ」

と、古田に言った。

当時、青山二郎の装幀料が最高の五十円であった。これは、ほぼ、相場の倍近い装幀料であったが、古田は太宰の顔を立てて、黙って五十円渡した。

次の日、古田が出社して間もなく、また、ふたりは顔をそろえてやって来た。

「みんな呑んでしまって、そのうえ足を出したから、もう一度払え」

と、太宰が言った。『千代女』の装幀料は、だから百円という結果になった。

筑摩書房という新しい出版社が出来て、金に糸目をつけず、売れようが売れまいがお構いなしに、一級品を出版するというので、出版界の驚異の的になった。しかし、この道で苦労してきた人たちは、このやり方で、はたして、どこまで続くだろうと危ぶんでもいたらしい。

小山書店の顧問格だった速水敬二が、当時の筑摩書房を、次のように語った。

「筑摩書房が出来たとき、みんな驚いた。いろんな企画をやるので、どこでも驚異の的だったわけですね。ところが、いかにも素人くさいでしょう。やること、なすことね。そんなこと、いっぺん言うてやろうか、ふたりきりで、と酒の上で言ったらしいんですね。古田は、それを覚えておったらしくて、二週間か三週間して電話をかけてきた。たしか、昭和十六年じゃなかったかと思うんですよ。唐木君が芝の私の家にやって来て、お前も協力しろと言って帰ったのは、筑摩書房をはじめたばかりの頃だったが、小山書店の関係で、なにもできないわけですよ。しかし、銀座の飲屋で、しょっちゅう会っていた。大男の古田は、黒い変りズボンをはいて、唐木順三や竹之内静雄を連れて、銀座通りを闊歩していたな。古田から電話が来て、じゃ、言ってやろうか、というんで、ふたりで銀座で会いまして、呑みながら、さんざっぱら素人書店だという悪口を言うたんですよ。はじめは、うむ、うむと聞いていたが、そのうち酒がまわってくると、古田晁を知らねえか、日本一の本屋になるんだと啖呵を切るんですよ。こんなことが、五カ月ぐらい続いたでしょうか。こんな毒舌屋はいないということに私はなったが、古田は日本一の本屋になるんだと言いとおしたですな。古田は、まったくの素人でしょう。おかしくてね。それに唐木が素人、竹之内は学校を出たばかり。しかし、素人は、いい面を持っているので脅威の的だったですけれどもね。古田自身に聞いたら、処女出版の三冊を原価計算したら、全部売れても、だいぶ赤字だったという。どれだけ損をしても、何とも古田は言わなかった。筑摩の戦後の苦境時代でも、あの頃いちばん困ったにちがいないけれど、泣き言ひとつ言わなかったですね。古田に、日本一の本屋はどうしたというと、それを言うなといっただけでね」

速水敬二

中勘助の詩集『飛鳥《ひちょう》』は、速水敬二が筑摩書房へ持ち込んだものである。中勘助の著作は、はじめからずっとI書店で出していたが、用紙事情の逼迫をはじめ、出版事情の困難さは、どこでもきびしい問題になっていた。中勘助は長年病身の兄の世話をしつづけていたから、生活も楽ではなかったらしい。速水は中勘助の碁敵で、よくつきあっていたから、どこか、書店にあたってみてくれと頼まれた。

速水敬二が、筑摩書房はどうだろうかと訊くと、中勘助は、結構です、あなたにおまかせしますと言った。

古田、唐木、竹之内に話すと、三人とも喜んで、いっしょに赤坂表町の中勘助を訪ねて、『飛鳥』を出すことになった。その折、中から「飛鳥という書名を、あすか、と読まないように」と特に言われた。

昭和十七年の、紙のない時代には珍しい、立派な本にした。

あとで、中勘助は、

「印税を二割もくれた」

と、喜んで速水敬二に語ったそうである。

甦る『ニイチェ研究』(和辻哲郎)

昭和十七年の十二月に、和辻哲郎の『ニイチェ研究』が出た。

唐木順三が、まだ、高等学校のとき、和辻哲郎の『ニイチェ研究』を読んで、それから哲学の方へ傾いて行ったという。この本は内田老鶴圃から出たが、和辻哲郎が大学を出た年に書いたもので、そのまま、絶版になっていた。唐木は、ぜひ、これを出したいと思い、古田といっしょに内田老鶴圃に行って、掛け合ったが、だめだった。

唐木が京都大学へはいったとき、和辻は倫理学の助教授だったが、渡欧中であった。三年のとき帰って来たが、あまり、縁がなかった。

唐木は古田といっしょに江古田の和辻邸に赴き、『ニイチェ研究』を出させてほしいと頼んだ。この邸は鎌倉時代の民家を秦野から移築したもので、大きな家に土間が突き抜け、障子も昔のままで、囲炉裡があった。

和辻哲郎は、どうしてもだめだと言った。

古田は、唐木に交渉をまかせて、ただ、お願いしますと頭をさげて、大きな体をもてあつかいかねている。なんとも、芸のない話だと、唐木は思いながら、途方にくれていた。

謹厳な和辻は正坐して、決して膝をくずさない。そのせいか、しびれが切れないように、時折、足の先をつまんだりしながら、黙っている。また思い出したように唐木が掛け合い、それがとぎれると、古田は、お願いしますと繰り返した。

『ニイチェ研究』が内田老鶴圃から出てから、三十年はたっていた。そのことが、筑摩書房から出してもよいという気を、和辻におこさせたらしい。

「本が出て三十年もたったら、ひとり歩きをさせてもいいじゃないですか」と、唐木が言ったので、はっと思って、それじゃ承知しようと返事をしたと、和辻は後記に書いている。しかし、和辻から許可をもらってからがたいへんであった。

内田老鶴圃本に、書き込んだり、また、本文を消したりして、この底本作成に和辻哲郎は一年半あまりかかった。それは新しく書き下ろしたと言ってもよいほど、内容が一新されていた。

ニイチェの思想は、ヒットラーと無縁ではないそうで、日本出版文化協会も、これには用紙を出さないわけにはいかなかったらしい。この名著の新版は、筑摩書房の信用をたかめることになった。

統制機関の日本出版文化協会も、筑摩書房の無手勝流にはまいったらしい。商売気を離れて、ただ、すぐれた作品を出版するのだという気位に圧倒された。

「あの当時は、紙の特配も多く受けられて、筑摩は得な出版社だった」

と、古田晁は回想している。

日本出版文化協会のなかには、まだ、折目正しい出版社を支援しようとする良識は生きていた。那珂通世の『成吉思汗実録』や、吉川幸次郎が訳した『元曲金銭記』に用紙が特配されたのは、実は武田泰淳のおかげだった。この頃、翻訳課の支那班に武田泰淳が、すでに独特の風格をもって、審査をしていた。出版企画届を読んだのが、たまたま武田だったことが幸いした。これに喜んで、もう一冊と思って提出した『元曲酷寒亭』は、係が武田でなかったため「不許可」になって、出版を拒否された。元曲の研究翻訳史上では劃期的な意味をもつ吉川幸次郎の著書も、戦意昂揚のためには、全く役立たない内容であったから、「不許可」の方が当然であったかも知れない。文芸課長の席には河盛好蔵がいた。「ヴァレリイ全集」の企画が、すんなり通ったのは河盛のおかげだろう。

昭和十七年一月に出た高村光太郎の『造型美論』は、初版が七千部であった。銀座表通りにあった小売店三昧堂の主人は変り者で、古田びいきでもあったが、『造型美論』を、一度に千部買い上げたりした。

小さな出版社筑摩書房は、いろんな人から、思わぬところで、好意を寄せられていた。

「ヴァレリイ全集」への挑戦

「ポオル・ヴァレリイ全集」の第一回配本は、昭和十七年の二月であった。『精神について』㈠で、第七巻にあたっていた。

監修者は辰野隆、鈴木信太郎、落合太郎の三人であった。

筑摩書房で「ヴァレリイ全集」をやるらしいという噂がひろまったとき、仏文学者のあいだでは、問題にもしなかったらしい。創業まもない出版社にしては、荷が重すぎると考えたからであろう。

筑摩書房は、すぐれた単行本こそ出してはいるが、背骨になるものは、まだ一つもなかった。「ヴァレリイ全集」を、その背骨にしたいと竹之内静雄が言い、それを、中村光夫はじめ、みんなが支持した。

「若い連中にやらせるんだな。筑摩書房みたいなところで出来るわけがない」

名のとおった翻訳者のなかには、横目でにらんで、軽く笑った人もいたという。

東京では辰野隆、鈴木信太郎、京都では落合太郎の三人を監修者にするお膳立てをしたのは、中村光夫と、佐藤正彰であった。この監修者のお声がかりで、東西ともに一流の翻訳者を揃えることができた。

辰野隆は、筑摩は銭があるかと訊ね、落合太郎は、紙があるかと言ってから、監修者を引き受けたそうである。

東京での顔合せは、富士見町の待合菊の家でおこなわれた。この待合は、渡辺一夫と暁星中学の同級だった友人がやっていたので、仏文学者の集りに、よく、使われていた。この席

で、はじめて古田に会った辰野隆は、

「古田は人相がいいから信用ができる」

と、中村光夫にもらしたそうである。

京都の人たちにも挨拶しようと、古田晁と中村光夫が出かけて、祇園に宿をとった。この祇園は祇園でも乙で、赤線地区であった。挨拶廻りをしてから、そこへ招待した。大山定一、鈴木成高、土井虎賀寿の三人だけが好意で顔を見せたが、他の誰も来なかったという、笑えぬ珍談もある。古田も、中村も、京都というものを、ほとんど知らなかった。

この全集の編纂にもっとも苦心し、その実力を十分に発揮したのは、佐藤正彰であった。ガリマール版をもとにしたものだが、佐藤正彰が作成した書誌は、世界に類を見ない精緻な仕事と言われている。この「ヴァレリイ全集」は、戦局が敗戦の様相をおびてきたため、惜しくも中絶した。この全集は、毎月配本ではなかったが、読者の支持を受けて、出版されるごとに一万部は出た。

昭和二十五年六月から、二度目の「ポオル・ヴァレリイ全集」を出した。ある人の提案で、最初のA5判を、B6判に改めて普及版にしたものの、売行きはかんばしからず、社の経営難と重なって中絶した。

社が安定した昭和四十一年三月から、三度目の「ヴァレリー全集」を企てた。創業まもなく始めた仕事を、二度も中絶したままにしておくことは、読者に対して不誠実と思ったからである。佐藤正彰に三たび編纂をたのみ、千部限定ぐらいでもいいから、立派な本にしようということになったが、思わぬ成績をあげ、黒字を出して完結した。

ヴァレリイの作品は一応プレイヤード版二冊に収められているものの、全部に近い作品を収めた「ヴァレリー全集」は、「全世界広しといえども、わが筑摩書房版の全集だけで、ヴァレリーを読みたければ、日本語を勉強してからという、珍妙この上ない事態もおこりかねない」と篠田一士は、言っている。

「ヴァレリイ全集」は、この三度のうち、どの場合にも購読してくれたという支持者が、かなり、いたそうである。

昭和十七年六月に出た「ポオル・ヴァレリイ全集」の第二回配本『芸術論集』㈠から、筑摩書房と関係が出来た市原豊太は、この年の三月、七年越し結核で寝ていた妻に死なれていた。

西銀座の筑摩書房を市原が訪ねると、古田は銀座の表通りにあったバー・ジャポンへ連れて行った。愛妻をなくしたばかりの市原が寂しげに見えたからであろう。唐木順三も、いっしょであった。ジャポンは、ホスピタル・ファーマシーという薬屋の二階にあって、文士や学者が、よく通っていたバーである。市原は一高の教授で、友達には呑助が多かったのに、その頃、一滴も酒が呑めなかった。

「いくら呑めなくても、稽古しない法はない」

と、古田晁は市原にハイボールをすすめた。

我慢しながら市原が、やっと一杯の七分目くらいをあけたとき、ああ、人生にこんな愉しい習慣があったのかと思った。なにか抑えつけられていたものから解放されて、これまで見えなかった新しい世界が市原の前にひらけてくるようであった。

市原は陽気になって、勝手な饒舌をはじめ、「市原さんが、こんな面白い人とは知らなかった」と、唐木に言われたりした。

市原は、そのあげく、酒場の隅にあったピアノで讃美歌をひいた。

それから市原は、ときどき、ジャポンへ行くようになった。古田といっしょの折もあり、また、ひとりで行くときもあった。そこの女給のひとりに、市原の幼な馴染に似たひとがいた。ふっくらした、円顔の、樹下美人を思わせるその女性は、兄が一高生だったが、まだ卒業しないうちに肺結核で死んだと、市原に身の上話もした。同じ病気で妻をなくした市原は、そのひとに同情した。なにか口のなかにふくんでいるような、あまったるい彼女の話しぶりに、市原はひかれてもいた。

市原はこの体験を経て、古田の呑み仲間に加えられるようになったが、

「バーで讃美歌をひく奴があるからな」

と、いつまでも、最初のときを覚えていて、いまだに市原は酒席でからかわれるそうである。

こんな思い出を、座談会の速記から拾い上げてゆくと、太平無事のように見えるが、「ヴァレリイ全集」の二回目配本にあたる六月には、日本海軍がミッドウェー沖海戦で、その主力の大半をうしない、戦局の不利は決定的になっていた。制海権をアメリカ側にうばわれた日本は、じりじりと撤退を余儀なくされる立場にあった。

戦争一色に染められた、暗い、やりきれない時代に、市原豊太は妻に死なれて、生きる望みをうしなっていた。古田は、それを見抜いて、市原に酒でもおぼえさせようと考えたのであろう。ジャポンには、その頃、女給が三人ぐらいしか、いなかったようである。

「中島敦全集」の刊行

中島敦の『光と風と夢』は、この年の七月に出ている。中島にとっては、処女出版であったが、この本が出て半年たらずの十二月四日に死んだ。「光と風と夢」が、『文學界』の五月号に掲載されたとき、中村光夫が「うちから出そう」と古田にすすめた。

古田が中島に会って、出版の約束をすませて帰った一時間ほどのちに、中央公論社の出版部にいた杉森久英が駆けつけた。

杉森が世田谷の中島敦の家を、やっと探し当てたとき、二階の窓から中島が通りを見ていた。それが、いかにも人待ち顔で、編集者が来そうなものだと期待している様子であった。

杉森が会うと、

「僕はジャーナリズムを相手にしない」

と、中島は無愛想に言った。度の強い眼鏡をかけた中島は、熱があるらしく、頬のあたりが紅潮していた。心臓性喘息の宿痾があって、無理のきかない体質であった。

小さな息子をかかえた中島未亡人は、戦後になって、知人を頼りに茶を売り歩き、ほそぼそと暮しを立てていた。古田は、未亡人が来たら、かならず、大量に買うようにと女子社員に言いつけた。

昭和二十三年十月から翌年六月にかけて、「中島敦全集」全三巻を刊行した。これで第三回の毎日出版文化賞を受けた。筑摩書房から刊行されたものの中で、これが最初の受賞作品になった。受

「中島敦全集」全３巻

賞に喜びいさんで、二千部ずつ増刷したら、それまでの在庫が売れただけで、増刷分がそっくり残った。「やっぱり素人だなあ」と気の毒がりながらも、中野好夫が大きな声を出して笑った。

名作といわれる「山月記」などが教科書にはいるようになり、中島敦の名が広く知れわたって、「中島敦全集」が古本値を呼んだのは、倉庫に眠っていた返品を断裁してのちのことである。この頃、筑摩書房の経営は、かなり困難になっていた。この事情を知っている出版人のあいだで、「中島敦全集」の造本に少しも手を抜かなかった筑摩書房の良心ぶりが、今も語り草に残っている。

二　戦時下の筑摩書房

臼井の上京と入隊

昭和十八年三月、臼井吉見は東京へ出て来た。それまで、臼井は松本女子師範に勤め、附属国民学校の主事を兼ねていた。

この頃、出版文化協会で古田が聞いて来る話を聞くたびに、中村光夫は気が滅入って仕方がなかった。戦意昂揚以外の出版物には一枚も紙が出そうもなかった。

陸軍情報部の鈴木庫三少佐と、その一味の手で、日本の出版界は完全に牛耳られていた。鈴木庫三は輜重将校で、陸軍委託生として法政大学文学部に学んだ男であった。また、簇生した文学団体を統合して「日本文学報国会」一本にまとめる推進役をはたした功績で、内閣情報局第五部第三課長に納まった井上司郎は、組織の力で文学者に君臨していた。井上司郎は逗子八郎の別名を持つ歌人で、情報局にもぐりこむまでは財閥安田系会社の一社員であった。鈴木少佐は、なにかというと、軍刀で床をどすんと鳴らす粗野な男であったし、井上課長は、疳のつよい子供のように瞳がすわった狂信者であった。文学者のうちから仲間を売るものが出来て、ブラック・リストを情報局へ提出したなどの噂がながれてもいた。やくざの世界の三下のように、妙な睨みをきかせて、自分の背後に大物がついているように見せかけたり、権力者と密接な関係があるらしい素振りを示して、甘い汁を吸っている輩もいた。

公けの席で、和辻哲郎が鈴木庫三少佐をコッパミジンにやっつけた、という話が伝わってきて、みんな溜飲のさがる思いがしたのもこの頃のことである。

臼井吉見は、上京する汽車のなかで、「言論報国会は三月六日の発会式に先立つて幹部、事務局員一同、伊勢の惟神道場にて禊斎を行ひ、打揃つて皇大神宮の大前に額づいたとのことである。即ち言論報国会は、皇祖の神前に於て成立したのである。これは近代日本の言論の歴史の上に嘗てない事柄であつて、甚だ意味の深いことと考へる」という記事を読んだ。これは『文藝春秋』四月号の短評欄に載っていた。

臼井吉見は、これまでも、折を見ては上京して、筑摩書房の仲間に会っていた。用紙の統制が日に増しきびしくなってゆくのを知っていた。臼井は、「戦力」の根源である日本精神の親戚筋と見られている国文学関係の企画を考えて、用紙を獲得するしかないと考えた。臼井は、新学期から東京女子大学へ週の半分は講義に出かけた。ここで、江戸文学を受け持ち、近松門左衛門や井原西鶴、松尾芭蕉などを講じた。

西荻窪の広い敷地を持った東京女子大は、別天地のように、まだ、自由の空気が流れていた。防空バケツの訓練に見向きもしないような雰囲気があって、学生たちも学問に打ち込んでいた。臼井は、週の残りの半分は筑摩書房に出ていた。銀座裏のうづまきというおでん屋は、古田びいきで、ほかの客を断わってでも呑ませてくれた。古田、唐木、中村、竹之内、臼井の五人は、ここで酒を呑んでは、よく議論した。山賊の酒盛りのようであった。

臼井は酒に疲れた頭で、学校へかよった。校庭の芝生に寝転んで、流れる雲を眺めている学生もいた。去年の暮に、第一次の学徒出陣があった。この女子学生の好きな人も出征しているかもしれないと、臼井は、ふと、思ったりした。どこかで、雲雀がさえずっていた。

これは偶然なことだが、臼井の教え子のなかに、のちに阿川弘之と結婚した増田みよや、筑摩書房の社員公募の第一回に応じて入社した栃折久美子などもいた。

臼井吉見は、上京して間もない六月、十日あまりのあわただしい旅に出た。臼井が、これだと見込んだ国文学者に、力いっぱいの専門書を執筆してもらうためである。

京都大学では、潁原退蔵、遠藤嘉基の両教授を訪ねた。潁原には芭蕉の全注釈を依頼した。

十数巻を越える内容のものであった。遠藤には国語学に就いて、また、研究室の助手だった中村幸彦にも、その分野での執筆を求めた。大阪では野間光辰を訪問して、西鶴の論考をまとめてもらうことにした。これは、のちに『西鶴新攷』の一冊になった。岡山では平安朝文学の西下経一、広島文理大では国語学の土井忠生、広島高校では中島光風に万葉集などを依頼し、九州大学では小島吉雄に会って、新古今和歌集の評釈全十巻を頼んだりした。

四月十八日、連合艦隊司令長官山本五十六が、ソロモン群島上空で待ちもうけた米軍戦闘機に撃墜されていた。五月十二日には、北辺の孤島アッツ島に米軍が上陸、二十九日に守備隊全員が玉砕した。臼井吉見は、いつ赤紙が来るかもしれないと思いながら、原稿を依頼に廻っていた。足許に火がついた感じであった。

臼井は東京女子大から数カ月後に、東京高校でも教えるようになったが、ここは男子校のためでもあろうが、軍事教育一色に塗りつぶされていた。朝の全校体操でくたくたにされた生徒たちは、教室にはいっても講義が身につかないふうであった。

臼井吉見は、この年の十月に赤紙が来て、松本連隊へ入隊することになった。このあたりは『蛙のうた』から借りることにする。

〝十月十八日夜十時すぎ、新宿駅の松本行き列車の前は、東京女子大生でいっぱいだった。僕はといえば、陸軍少尉の軍装が妙にかさばり、軍刀がいやに邪魔っけで、恰好がつかない。

株式會社 筑摩書房出版通信

第一號

昭和十八年八月

東京銀座西六ノ四

振替 東京一六五七六八

最近の主なる新刊書は左の通りです。

生成の形而上學序論 土井虎賀壽著 四・〇〇 〒三〇

リルケ ルー・サロメ著 土井虎賀壽譯 二・〇〇 〒二〇

元曲金錢記 吉川幸次郎著 三・八〇 〒二〇

蜜蜂 中勘助著 二・三〇 〒二〇

支那政治習俗論攷 曾我部靜雄著 三・五〇 〒二〇

近代の精神 ロバーツ著 加藤憲市譯 二・八〇 〒二〇

御好評に應へて、左の二書を近く增刷しました。

ニイチェ研究 和辻哲郎著 九月初旬出來 五・一三 〒三〇

彷徨へる湖 S・ヘディン著 岩村・矢崎譯 四・九〇 〒三〇

鷗外の精神 唐木順三著 近刊

(一)鷗外精神史(鷗外が何故に歷史小說・史傳を書くに至つたか。精神史的研究) 鷗外探求・歷史を超えるもの・邂逅と追蹤 (二)鷗外雜記―獨逸時代小倉時代他。

典籍雜考 新村出著 近刊

○老境の雜書雜讀○近衞霞山公の蠹簡餘聞○鷗外日誌を讀みて○生川正香の遺書數種○林善樹翁を憶ふ○西洋印刷文化史○伊京集解題○海甯の王靜安君等十二章

馬氏文通 田森長次郎譯 近刊

本書は支那語法に關する古典であり、信頼し得べき殆んど唯一の文法書である。譯者は此の研究と國譯に從ふこと十五年に及ぶ。譯は原文に忠實然かも譯文平易。

日露交涉史話 平野雅英著 近刊

他日世界の强國として雄飛すべく運命づけられた日本が、未だ稚かりし幕末から明治初年へかけての日露交涉の樣相を、史料に忠實に丹念且興味深く描けるもの。

— 1 —

筑摩書房出版通信第一号（昭和18年8月）

前夜、おそくまで銀座の飲屋を引っぱりまわされ、あげくのはては、日の丸を背中にしばりつけられたまま、路面電車の線路を枕に、仰向けに寝るという狂態を演じてしまった。いま、電車は通っていないが、電通の前通り、数寄屋橋寄りだった。酔いしれて、なにもわからなかったわけではない。酔ったあまりではあったが、承知の上でのこと、生きて再び銀座に戻ることはないと考えたからだった。電車にしたって、一分間や三十秒、とまってくれたってわるくはないだろうと思ったのだから、無茶だった。

翌日、出発という段になって、軍刀の紛失していることがわかり、気も動顚せんばかりだった。みんなが手分けして捜しまわってくれたらしいが、酒場は昼間あいていないので、大変だったにちがいない。結局、竹之内静雄が、電通近くの、ラインゴールドという酒場で捜しあててくれた。(竹之内が一番安全だということになって軍刀をあずけたら、その竹之内が酔っぱらって紛失した、というのが真相である。)ここには、ゾルゲや尾崎秀実らがよく現れたらしい。上野の美術学校の彫刻科を出た青年が、アルバイトのバーテンをやっていた。それまでに満洲事変に召集されたことがあって、たしか騎兵の大尉だった。僕よりおくれて召集され、戦死したそうだ。奉天の牛乳配達の白系ロシヤ娘を刻んだブロンズが、いまも古田晁の家にあるが、この青年を偲ぶ遺作となった。

ともかく軍刀が見つかって、ほっとして、プラットフォームに駈けつけたとたん、予期しない彼女ら（東京女子大生を指す）の歓声にかこまれたのだから、にわか仕立ての少尉としては、狼狽しないわけにはいかなかった。

しかし、発車の時刻が迫って、彼女らが粛然と歌い出した軍歌を聞いているうちに、とんでもないことになったものだと思った。松本まで古田晁が送って来てくれた。

入隊してみると、すぐ戦地へ送られるのではなく、補充隊勤務とわかった。近く、松本連隊がトラック島守備のため出ていくので、そのあとを受けて、師団命令に応じて、次々に各方面の戦場へ要員を送り出す役割だった。

まもなくトラック島行きが出発した。冬が近いというのに夏服を着せられ、背嚢に、太い青竹の筒をくくりつけているのが、へんに目についた。中に鰹節がはいっているとのこと。敵の潜水艦に襲われて、海中にほうり出されても、竹筒は浮くから、鰹節をかじっていれば、生き長らえることができるということらしかった。軍ともあろうものが、なんとたわいもない素人考えを思いついたものか、見送っていて、涙が出てこまった〟

当分のうち、戦地へ送られそうもなく、やがて、営外下宿が許されたので、臼井吉見は軍用行李いっぱい、芭蕉関係の本を運び込んだ。

臼井吉見が松本を引き揚げて上京したとき、古田晁は、何か書けとしきりに責め立てた。そのころ売ってもいなかった上質の原稿用紙を五百枚持ち込んで、古田は臼井を苦笑させたりした。赤紙が来たとき、古田晁の友情にこたえるつもりで、「蕉風の世界」という題名だけを書き残してきた。こんなことから、俳諧書以外は、なにひとつ、下宿へ持って来なかった。

社員にも赤紙が

この年の九月に、唐木順三の『鷗外の精神』が筑摩書房から出ている。古田晁は、盟友臼井吉見の著作も、自分のところから出したいと考えたのであろう。

臼井吉見の応召と前後して、社員の大森健助と和田英雄にも、赤紙が来た。

古田は、どこかで大森健介の送別会をやろうと言った。

「戦争に行くんだから、女を抱いてみたい」

と、大森健助は言った。大森は、まだ独身であった。

古田は、大森と和田を連れて玉ノ井に出かけた。三人連れ立って覗くので、ひやかしと思って、一枚の硝子越しに見える女たちは相手にしない。一軒の銘酒屋は、女をふたり抱えているので、一度にふたりしか客をとることができないからだ。溝くさい風の流れる通りを歩いていているうちに、大森が、あれにしたいという女がいた。

「じゃあ、行って来い」

と、古田は、和田とビールを呑んで待っていた。大森は、じきに帰って来た。三人で、また、ぶらぶら歩いていると、また、大森は、あれにしたいと言う。

「じゃあ、行って来い」

と、古田と和田はビールを呑んで待っていた。大森は、一晩に女を七度替えたそうである。

和田英雄が麻布三連隊へはいったのは、十月三十日であった。古田晁といっしょに見送った竹之内静雄の記憶である。和田英雄のいたアパートでは、生まれてひと月ばかりの、初めての女の子が泣いていた。いま筑摩書房の経理課にいる安藤（旧姓和田）昭子である。

和田英雄は、すぐに中支へ送られて、数回便りをよこした。その一つに、不精ひげがのびて鍾馗のようになり、お前のひげは立派だと中隊長殿にほめられました、などと書いてきた。元気でいるものとばかり思っていたが、実は、翌昭和十九年の八月に戦病死していた。このことは、戦後かなりたつまで分らなかった。

山田均

大森と和田が応召したので、残った男の社員は竹之内静雄と校正係の山田均という老人のふたりになった。女性では青木民江の後任佐々木和子が、行届いた仕事ぶりで勤務していた。

「山田老人」と親しまれていた、この校正係は、報知新聞社を、社が合併されるのをきらって退社し、昭和十六年に筑摩書房へはいって来た。それより前、退職してすぐに有利な就職の口があった。山田均は、それまで和服で通してきたが、新しい職場は洋服でなければこまるという。それで、断わってしまった。

山田老人の校正の振出しは『万朝報』で、黒岩涙香の影響をうけ、菊作りと、かるたの百人一首で読み手になるのが好きであった。ラジオの正月番組などの読み手もつとめていた。碁が好きで好きで、自分からは決して誘わないが——それが、人に迷惑をかけまいとの老人の生き方の一端であった——昼休みに挑戦されると、一度といえども断わったことなく、欣然として碁の相手になった。酒も呑まず、無口で愛想もない老人だったが、山田均には古武士の風格があって、みなから信頼されていた。中村光夫などは、字を知らないと、いつも叱られていた。

この頃になるとほとんど、実質的には、仕事ができなくなってきた。紙がない。職工がいない。それでも中村光夫が言った、「編集会議だけは毎週やろうじゃないか。企画を蓄積しておけば、いつか役に立つ時が来るよ。**Without paper plan** だ。」この紙なしの紙上プランという言葉には、いかにも適切な実感があった。

出版社、統合と合併へ

出版社の企業整備が、はっきりと形になったのは、昭和十八年十二月九日のことである。書籍出版部門の統合参加資格者は、日本出版会の会員千七百七十七名のうち九百六十六名、このなかで残ることができる枠は二百社で、割当用紙の実績年間五万ポンド以上という厳しいものであった。また、合同、買収の中核となる世話人の百九十五社が決まった。筑摩書房は、この中核体に選ばれていた。

この年の初め頃から、出版社の自主的統合が盛んにおこなわれ、また、経営難で廃業するところも多くなっていた。

政府の命令で、日本出版会が創立され、日本出版文化協会が発展的解消した三月十一日に、すでに企業整備の体制が出来上っていたと見るべきであろう。日本出版会は、日本出版文化協会の会員を参加資格者としているから実体は同じもので、ただ、国家権力が強化された形になったまでのことである。

この事実は、日本出版会の第一回設立委員会が総理大臣官邸でおこなわれたこと、また、大隈講堂を会場とした日本出版会創立総会に、情報局総裁以下の役人が列席したことで明らかに示されている。日本出版会の理事長に久富達夫が就任した。

五月四日に主婦之友社の石川武美社長が、日本出版配給株式会社の社長に就任した。このとき、石川武美は日本出版会事務局配給部長であった。

これは、日本出版会と日本出版配給株式会社とを一本化して統制を強めるためである。

年間五万ポンド以上の割当用紙実績がない出版社は、他社と合併するか、買収しなければ、有資格者も生き残ることはできない。筑摩書房も、統合申告締切日の翌十九年一月末日までに、他社の合併、買収をはからなければならなかった。

古田晁は、この資金を調達するために、等々力の自宅と敷地を売り払うことにした。昭和十三年三月、金沢の四高へドイツ語の教師として赴任する中島という人から一万円で買ったものだが、鉄工業を経営している小山田という男に七万円で売った。

家族は郷里に疎開させた。古田晁の母は昭和十五年に死んだが、郷里には父三四郎がいた。例年のように日本へ来ていた父は、昭和十六年の暮、アメリカへ帰るつもりで手配もすませたが、

「日本で久しぶりの正月を迎えたら、どうだ」

と、友達にすすめられ、三四郎は、つい、その気になった。太平洋戦争がはじまって、資産凍結にあったが、三四郎は、自分の好みで建てた故郷の蔵座敷で、悠々自適の日を送って

いた。もし計画通りに帰米していたら、古田の父は収容所で、あじきない月日を送っていたであろう。

古田晁は、竹之内静雄とともに合併と買収にかかった。

龍星閣、黄河書院、その外に三社を買収して、どうやら、五万ポンドぎりぎりの線を確保した。

古田晁は「島崎藤村全集」を出したいと思っていた。その外にも、多くの企画があって、それには、五万ポンドでは少なすぎる気がした。そのために七丈書院と明治書房を買い足した。

龍星閣の沢田伊四郎は、この金で熱海のみかん山を買い、それが戦後再建の土台となったとのことである。黄河書院は、そのとき、つぶれる寸前の有様であった。

七丈書院は、実績はゼロに近かったが、ノート用紙を多量に持っているという触込みであった。現物出資という取決めをした。七丈書院は、三島由紀夫の処女出版『花ざかりの森』の版元である。明治書房は実績ポンド数が多かった。

七丈書院の渡辺新と明治書房の高村鍵造は、筑摩書房にはいって来たから、形の上では合併にひとしかった。

企業整備という期限附きのどさくさ騒ぎは、残る側にも、手放す側にも、かけひきがあった。だが、古田晁は、商人離れした正攻法で、企業整備にのぞんだふうである。

竹之内静雄は、期日もせまった一月の末に、主人がひとりでやっている小さな出版社と買収の交渉にあたっていた。この経営者は二枚腰で、なかなか土俵を割らない。相手は、できるだけ話をつけるのを延ばそうとかかって来たから、夜もふけてきた。二万五千円という線で、竹之内は、つい承知してしまった。(当時の二万五千円は、昭和四十五年に換算すれば二千万円には相当しよう。)

夜道をひとり帰りながら、竹之内は、あせって高く買いすぎたような気がしてきた。どうせ、期日が過ぎれば、相手の手には一文の金もはいらない、実績という空手形なのだ。まだ、二、三千円はたたけたのにと思い惑った。

翌朝の九時に竹之内静雄が出社したら、古田晁が待ち構えていて、「昨夜はどうだったかい」と切り出してきた。

「二万二千円ぐらいで、まとまらなくもないと思うが……」と、竹之内が言いかけたとき、がらっと戸があいて、その場へ当の相手がはいって来た。

古田とも顔見知りなので、挨拶ぬきで、突然、当人があらわれたとしても、別に不思議ではなかった。

「二万二千円でいかがでしょう……」

と、竹之内から、いま聞かされた数字を古田が言いかかったとき、相手は、こころもち気色ばんで、

「竹之内さんは二万五千円で、とおっしゃいました」

と、言った。

「ああ、竹之内が言ったら、それで結構です」

古田は、聞いた瞬間、一秒もおかず即座にその金額の小切手を切った。

三月一日、筑摩書房は日本出版会資格審議会の新事業体として承認された。これは第三次の決定発表で、春陽堂、東京堂などを含む八十四社であった。第一次からの通計で百五十六社になった。三月六日から、用紙難と輸送力の悪化で、全国的に新聞の夕刊紙が廃止になった。

七丈書院の渡辺新と明治書房の高村鍵造が筑摩書房にはいったので、古田晁は親睦旅行を計画した。

食糧難なので、浅間温泉へ行くことにした。松本連隊にいる臼井少尉の顔で、酒や食糧の都合がつくと判断したためであった。

古田、唐木、中村、渡辺、高村のために、宴会用の物資を運んできた臼井吉見は、この雰囲気に融け込むことができなかった。初対面の渡辺新が、ぞろりとした和服を着て、白足袋

をはいているのに、妙にこだわったりした。新しい人に、すぐ、なじめないところが、臼井にはあった。古田の気苦労もたいへんだろうと、臼井は思ったりした。

「鬼貫論も、印刷にかかっているから、じき、本になるよ」

と、古田が言った。

『鬼貫論』は、臼井が入隊する前、山崎喜好に依頼してきたものであった。

家族を郷里に疎開させた古田晁は、埼玉県大宮の町長をしていた義兄で、医師の宇治田積のところに身を寄せていた。

七月一日、竹之内静雄も、呉海兵団に召集され、一週間後には大竹海兵団へ移された。筑摩書房は、手足をもがれて、辛うじて生きている有様になった。

この月の十日、情報局第二部長の橋本政実は、中央公論社と改造社の代表を招き、自発的廃業を申し渡した。これは昭和十七年八・九月号の『改造』に掲載された細川嘉六の「世界史の動向と日本」が、陸軍報道部長の指摘で発禁になり、筆者の検挙に端を発して、泊事件、横浜事件がでっちあげられた結果である。この事件で、三十人あまりの編集者が投獄された。出版というよりは、学問文学がおびやかされる末期的状態になっていた。

この中で、筑摩書房は、金子武蔵の『形而上学への道』や、小林英夫の『文体論の美学的基礎づけ』、斎藤茂吉の『長塚節研究』などを出版していた。

渡辺一夫が、筑摩書房から最初に出した単行本『ガルガンチュア大年代記』に就いて、こんな思い出話をしている。

古田晁と中村光夫がいっしょに、本郷真砂町の渡辺一夫を訪ねて、なにか本を出させてもらいたいという。なにかと言われても、自信がないので、そのままにしていた。竹之内静雄が催促に来て、また、「なんでもいいんです」と、同じことを言う。渡辺一夫は、「イヤな本屋さんだ」と思ったが、恩師の辰野隆に相談すると、「なんでもいいんだ」と言われた。この渡辺一夫の「イヤな本屋さんだ」は、含蓄のある表現で、いかにも筑摩書房らしい感じを捉えている。

「ちょうど、そのときに、ラブレーなんかそろそろやり始めていましてね、白水社から出すことにして、いろいろ調べているうちに、ラブレーが使った、あるいはラブレーに衝撃を与えた一つの作品——古い中世の作品があるわけです。それをひとつ訳してみようかと思った。けれども、それは訳したって、しようがないものなんですよ。要するにラブレーの読んだ古い幼稚な物語ですからね。だけども、それを一生懸命やれば、僕のためにはなると思って訳したんですよ。辰野先生に、こういうものがある、これなら僕としちゃ遣り甲斐があるけど、しかし、全然市場価値がないんだと言ったら、かまわんと言うんですよね。古田さんに言ったら、結構ですと言うので、それを最初に出していただいたわけですよ。それが『ガルガンチュア大年代記』と申しましてね、あとで戦後、白水社へ版を移したんですけど、そのときには僕はびっくりしたんですよ。駈出しの本屋さんでしょう。そんな市場価値のないものを平気で出す本屋さんはありがたいとは思いましたけど、奇妙だなと思ったんです」

『ガルガンチュア大年代記』は、昭和十八年の二月に刊行された。

爆風を受けて

銀座界隈の空襲で筑摩書房が至近弾の爆風をうけたのは、昭和二十年一月二十七日の午後一時頃であった。

二十七日は筑摩書房の月給日で、中村光夫は、この日、月給をもらうために鎌倉の自宅を出た。戸塚へさしかかったころ空襲警報が発令された。中村光夫は筑摩書房へ行き、ともかく、月給を貰った。

高射砲がとどろき、空襲だと思った中村は、とっさに店先の防空壕に飛び込んだ。続いて古田、そのあとから女子社員がもぐり込んで、三人は、ひとかたまりになっていた。爆弾が落されて、地響きがした。とたんに目の前が、真赤になった。

筑摩書房のすぐ前の、泰明小学校の校庭に爆弾を落ち、校舎は爆風でこわされてしまった。

筑摩書房も、直撃弾は受けなかったが、爆風のあおりで、殴り込みをくらった現場のようにめちゃめちゃになってしまった。

校正係の山田老人は二階に踏みとどまっていた。硝子の破片で怪我をしたが、泰然としたものであった。泰明小学校では、日直の女教員が死んだ。

日比谷の山水楼から火の手があがり、煙が渦巻いて流れてきた。このとき、参謀本部の将校連は山水楼の一室で会議を開いていて、数人が死んだ。夕闇がせまるにつれて、あちこちの火勢が拡がり、熱風のような煙を避けながら、市民たちは帰路を急いだ。

筑摩書房の建物は、爆風でひずみ、硝子は、ほとんど、こなごなに飛び散って、真冬の風ががらんとした室内へ吹き込んできた。唐木順三や中村光夫たちは、こわれた什器類や、建物の羽目板をはずしたのを、火鉢の中で燃やしては暖をとった。

手先の器用な者なら、修理して住めない状態ではなかったが、読売新聞社の広告部の人から、耳寄りな話があった。

読売診療所が閉鎖されたまま、空家になっているから、ただで使わないかという。場所は、本郷の元町国民学校の通りを距てた本郷寄りで、がらんとした二階建であった。渡りに舟の感じで、さっそく、そこへ移った。山田老人は、襷掛けになって、障子を張りかえたりした。

古田晁は、大宮から上野へ出て、そこから歩いて社に通っていた。

空襲警報が発令されると、元町国民学校の地下避難所へ退避した。ここは、もと、石炭置場で、材木などが置いてあった。古田晁と唐木順三は、変な形の防空頭巾をかぶり、空襲になると、地下避難所へ逃げた。中村光夫は、足場がわるくなったとぼやきながら、週に一度ぐらいは顔を見せていた。七丈書院の渡辺新は、大塚窪町の自宅から通っていた。

空襲下、本郷・水道橋・御茶の水へ

三月九日から十日にかけてのＢ29の大空襲のとき、臼井少尉は無断で上京していた。一升ははいるという水筒に、酒をいっぱい詰め込んだ臼井は、夕方、本郷元町へたどりついて、唐木と古田に会った。三人車座になって、痛飲した。

臼井吉見は、死がさしせまっているように思われ、軍規をおかして、ふたりに会いに来たのであった。本土決戦で、臼井少尉の所属している決部隊は、どこに出動するかわからないが、その日は、刻々とせまっていた。永井荷風や、上林暁や、太宰治の噂も出た。古田は、この人たちの作品を出版しようと追いかけていた。

その後、古田晁は大宮へ帰り、唐木と臼井は、文理大近くの渡辺の自宅に泊り込んだ。渡辺は家族を疎開させて、女中とふたりで暮していた。

臼井と唐木は、敷蒲団一枚借りて、そこへごろ寝した。

臼井の枕元で、女の泣く声がした。焼失家屋二十三万戸、死傷者十二万人、罹災者百万人あまりが出たB29百三十機の無差別大空襲が、そのとき、すでに始っていたのだ。この爆撃で、江東地区は全滅した。いくら叫んでも、酔いしれた臼井と唐木が眼をさまさないので、女中が、ついに泣き出したのだった。ふたりは、あけはなされた雨戸の外へ出て、庭に立った。

サーチライトが交錯する空を、鮎のようにB29が泳いでいる。吠え狂ったように高射砲陣地から夜空をめがけて弾丸が撃ち込まれるのだが、届かない高さにB29が群がり、悠々と流れていた。下町は火の海。その照り返しで、銀色の敵機が赤く染っていた。〝敵機と知る一瞬先に、美しいと思った。ほんとうに美しかった。美しいと思ったことを、くやしく思う気持が次に来た。最後に、とうとう来たナと思った〟と臼井は、実感をこめて書いている。

この空襲で、筑摩書房は焼けなかったが、強制疎開で取壊しになった。元町国民学校を類焼から救うためである。本郷元町には、二月の初めから三月の半ば頃までいたことになろうか。

水道橋の宝生能楽堂とだらだら坂をはさんで反対の所に、割箸の卸屋があった。そこの二階へ筑摩書房が引越すことになった。倉庫にはいりきらない本や紙類をリヤカーに積んで、古田晁と唐木順三は、元町からのだらだら坂を、幾度も往復した。見上げると昼日中の空に

Ｂ29が飛んでいて、小さな蜻蛉のような戦闘機が、それに挑んだりしていた。

石切橋を左に入ったところにあった菓子問屋の倉庫に、手持ちの上質紙を、みな、送り込んだ。古田晁は、当分のあいだ、紙には事欠かない自信があった。関東大震災にも焼け残った縁起のよい倉庫だと、菓子問屋の主人は古田に話した。

四月十三日の夜十一時から翌日にかけて、Ｂ29百七十機の空襲があった。この空襲で、割箸屋の二階の仮事務所も、菓子問屋の借倉庫も焼けてしまった。倉庫は直撃弾をくらった。古田晁は、倉庫の紙を失ったことが、口惜しくてならなかった。焼跡を、幾度も古田は見に行った。めらめらと紙は、いつまでも燃え続けていた。紙を疎開すべきであったと古田は思ったりしたが、とうの昔に、輸送事情は悪化していた。水道橋の筑摩書房は、ほんのひと月たらずであった。このとき、宮城や明治神宮なども爆撃をうけた。

筑摩書房の仮事務所は、渡辺新の自宅に移った。渡辺は四国の生れで、ノートを作る会社を経営していた。ノート用紙を多量に持っていたので、出版業をはじめた。この自宅の応接間は、八畳と六畳のあいだの広さだったので、七畳から七丈書院を思いついたのだと、渡辺は中村光夫に語ったそうである。

この仮事務所は、五月二十四日から五日にかけての空襲で焼けた。この空襲で宮城は全焼し、東京の大半が焼失した。

筑摩書房は、間もなく御茶ノ水の文化アパートに仮事務所を置き、ここで敗戦をむかえることになった。文化アパートには、日本出版会があった。罹災した多くの出版社もこの階上に雑居していた。筑摩書房が、ここへはいった当初は、ひとつの机を与えられただけであった。

上林暁のモデル小説

上林暁に「嶺光書房」という短篇小説がある。昭和二十一年一月十二日に書き上げられたこの小説は、一人の私小説家が捉えた筑摩書房の戦災史とも見られる。

「嶺光書房」が「筑摩書房」を指し示しているという意味合いから、この小説に出てくる名前と実名をたどれば、由利は古田晁、小牧野は唐木順三、永浜高風は永井荷風、山泉は渡新、佐川は渋川驍、鎮守次郎は太宰治、猪熊は井伏鱒二、斎藤は山田老人ということになる。「嶺光書房」の書出しを、実名に引き合わせて書くと、次のようになる。

〝私が初めて筑摩書房を訪ねて行つたのは、二月も二十日過ぎのことであつた。

去年の暮に、店主の古田氏から話があつて、私の作品集を出してくれるのだつた。あるかなきかの発表舞台を当てに、僅に糊口を凌いでゐた私にとつて、戦時中にも拘らず作品集を出してもらへることは、精神的にも物質的にも、起死回生の力を与へられる思ひであつた。

筑摩書房は、物静かな、と言ふよりも、取り残されたと言つた方がいいやうな高台の住宅地で、陰が多く、空気もなんとなく冷やつと感じられるやうな町なかにあつた。程近く有名な病院があり、道路を隔てた真ん前は、眼を塞ぐやうに、国民学校の大きな建物が場を取り、それに附属するやうに一二軒の文房具屋が店を開いてゐるほかは、古びたしもた屋が軒を並べてゐる。

筑摩書房は、それらのしもた屋の間に挟まつて、かなり風変りな外観を呈してゐた。壁は、緑の塗りの亜鉛板が鱗形に貼つてあつた。玄関の前には、手摺とも柵ともつかぬ囲ひが施してあつて、玄関の扉を開けるには、その囲ひの端にある踏段を二三段昇つて、横合ひから進んで行かねばならない。なんだか新劇の舞台にでも登場するやうな工合である。私が初めて尋ねて来た日、私の目を惹いたのも、先づ何より、この舞台装置のやうな家構へだつた。

その日、私は番地を頼りに、雪解けの街をあちこち、筑摩書房を尋ね歩いてゐるうちに、偶然その家の前を通りかかつたのである。面白い家だなアと思ひながら、壁や、窓や、その手摺風な囲ひなどに心を奪はれてゐると、玄関脇の壁に「筑摩書房」と達筆を揮つた貼紙がしてあるのが、ふいつと私の目に停つた。裏銀座から越して来てから間もなくだと聞いてゐたが、まだ標札を懸ける暇もないのであらう、貼札で間に合せてあるのが、如何にも匆卒の感じだつた。尋ね当てた安堵に、なアんだ、ここだつたのかと、私は独り笑ひを浮べながら、舞台に立つた人のやうに踏段を昇り、腰よりもやや低いめの囲ひについて、正面に進み、玄関の扉の把手を捻つたものである。実際、道からの高さも、丁度土間から舞台を見る高さに変らなかつた。

外から見ると、紛れもなく、洋館作りでありながら、一歩玄関に入ると、純然たる日本風であつた。日本家屋に、洋館紛ひの箔をくつつけてゐるとでも言ふべきであつた。屋内はしいんとしてゐて、人気も無く、薄暗く、廊下も、二階へ通ずる階段も、年代を経て黒ずんでゐたが、そこらのガタピシした安普請とは事変り、がつしりした木組みを示してゐた。階段を昇り降りしても、踏み応へがありさうだつた〟

この家は、本郷元町一丁目十三番地にあった。元読売診療所で、上林暁が訪ねた昭和二十年の二月も二十日すぎから、ひと月たらずに、強制疎開で、こわされてしまった。古田晁が不在で、上林暁は唐木順三と会った。

上林暁は、この日、日本出版会に出す企画届に、必要事項を書き入れて、持参したのであった。

三月八日、上林暁は、作品集の『夏暦』の目次と、一、二篇の収録作品を除いて、二百枚あまりの原稿を抱えて筑摩書房に行った。古田晁は永井荷風のところへ原稿のことで行っていて、不在。（荷風の「罹災日録」の三月八日のところに「家にかへるに木戸氏筑摩書房主人を伴ひ来り話す。小説来訪者の草稿を交附す」と見えている。）唐木順三も、きのう出ていて今日は休みですと山田老人に言われた。

「どなたかに原稿をお渡しして行きたいんですが」

「そんなら、渡辺さんという方が二階に居ますから、その人に会ってください」

上林はジャンパー姿の渡辺新に会い、すすめられた椅子に腰をおろした。渡辺は取りこわした家屋から持って来た板切れを裂きながら、火鉢で焚火をしていた。煙は燻って、廊下や、畳敷の上に卓子を並べた編集室に籠っていた。

「もしかしたら、間もなく古田君が帰って来るかもしれませんから、暫くここで待ってみてください」

と、渡辺が言った。

焚付けは尽き、五時の退勤時間は迫ったが、古田晁は帰って来なかった。上林暁は持って来た風呂敷包を開いて、渡辺新に原稿を渡しておくことにした。

「原稿の写は取ってありますか」

「写って、別に取ってありません。下書きはあるにはありますが」

「じゃあ、企画が許可になってから、写を取っていただくんですなあ」

「そうですね。僕達作家としても、自分の著作の運命について、真剣に頭を悩まさねばならなくなりましたね。いつ、どんなことで、自分で心血をそそいだ原稿が、永久に堙滅に帰さないとも限らないですからね」

「焼けちまえば、それきりですからね。この原稿、今夜は僕の家へ持って帰っときましょう。ここは危険ですからね。そして、明日、企画届と一緒に、出版会へ出すことにします」

渡辺が、大事そうに原稿を鞄の中へしまった。

「もう古田君は帰って来ないのでしょう」と、渡辺新は懐中時計を取り出しながら言った。

二人は筑摩書房を出て、だらだら坂を下って、省線駅の方へ連れ立って行った。

三月十日の大空襲以後

それから中一日おいて、十日未明の大空襲である。真先に上林暁の頭に閃いたのは、自分の原稿の運命であった。空をこがす猛火の中に、筑摩書房とともに烏有に帰したのではあるまいか。戦災地域で職に就いている人達にとって、それぞれの官庁や学校や工場や事務所などが関心の焦点であった如く、上林暁にとっては、筑摩書房とそこに預けた原稿とが、関心の焦点であった。もう二、三日遅く原稿を持って行けばよかったと愚痴をこぼしてみたり、あの原稿が焼ければ、自分の最後の著作であるかもしれない作品集を喪うことになるのみならず、当面の生活も立ち行かぬことになるかもしれぬと焦れてみたり、心の蓋を閉されたような日がつづいた。

電車に乗って出かけるのも、電話や手紙で問合せをするのも億劫な思いをしているうちに、三、四日が過ぎた。或る朝、まだ生々しい戦災記事の満載された新聞紙を見ていると、紙面の片隅に「筑摩書房新刊」とした数点の文学書の広告が出ているのを上林暁は目にとめた。日が射したように上林暁の心は明るんだ。文化の健在を喜ぶ気持もあったが、この分では、筑摩書房も無事なら、自分の原稿も大丈夫だろうと、上林暁は燥いで家人に話した。

それから十日近くたって、上林暁は街に出て、或る雑誌社に、編集記者を訪ねて行った。話のついでに、筑摩書房に渡した原稿のことに及ぶと、筑摩書房も焼けたんではないかと、その人は言った。上林暁はその話を信じ、雑誌社を出るとすぐその足で、筑摩書房に駆けつけた。もう五時近い頃で、空腹を抱え、口を開いた古靴で疲れた足を引き摺っていた。

もう遅いので、みな退けて、閉まっているものとばかり思って、上林暁が手をかけた玄関の扉は、なんの手応えもなく、すぐ開いた。人気の感じられない家内に向って声をかけると、運好く降りて来たのは、古田晁であった。

「実は、焼けたと聞いたものだから心配して来たんですが、御無事で何よりでした」

「ええ、おかげさまで、あの朝、僕も、てっきりやられたものと思って、大宮から上野まで省線で来て、そこから歩いて来たんですが、来てみると無事なんで、やれやれと思いました。

途々、電信柱からは、まだ火を噴いていましたよ」

「僕の原稿も、もちろん、大丈夫だったわけですね」

「あなたの原稿は、出版会に出してありましたが、あすこも無事ですから、大丈夫です。こんなですからね、信州の新聞社へ持って行って刷る計画を立てたんです」

上林暁は、自分の著書がいよいよ信州に運ばれて印刷されることに好奇心を動かした。それも悪くないと思った。自分の著書が有為転変を経るのが、いかにも戦乱時代らしく上林暁の浪曼的な気分をそそった。

「永井荷風氏の原稿、貰いに行ったそうですね、どうでした」と、上林暁は話頭を転じた。

「ええ、貰って来て、いま写してるところなんです。永井氏もやられましてね」と古田は言った。

「そうですか。焼けたんですか」

「書き溜めの原稿のはいった箱だけ提げて、身を以て脱れたんだそうです。いま写しているのも、その一部なんです」

「そうですか」と、上林暁は唸るような気持で聞いた。つづいて「そうですか」と二度繰り返し、「あの名高い偏奇館も焼けたんですかね」と溜息をもらした。

誰かに、この出来事を告げたくって、上林暁の心は鎮まらなかった。ああ、好い人がいると思いついたのは、大学図書館の宿直室に寝起きしている友人渋川驍であった。筑摩書房を出ると、暗く暮れてきた廃墟を厭わず、上林暁は本郷へ足を向けた。会って、わが事のように話してみると、渋川驍は知っていた。

強制疎開

筑摩書房が強制疎開にひっかかって、近くの家に移転したと上林暁が聞いたのは、三月の終りに近かった。古田晁が、残りの原稿の催促に来たとき、地図を示して所番地を書き入れて行った。

「先の家のすぐ近所のしもた屋です。あのだらだら坂の中途で、能楽堂を目当てにいらっしゃれば、すぐ分ります」

古田晁は万年筆をポケットにしまいながら、「これから太宰治さんのところへ行くんですが、太宰さんの家も爆風でやられましてね」と言った。

「そうですか。あのあたりは工場がいっぱいあるから、爆撃の中心にいるようなものですね」

「台所の硝子戸なんか壊れちまって、硝子のかけらを拾おうとすると、手がブルブル慄えたと言っていましたよ」

「太宰君らしいなあ。あの人のことだから、元気でしょうね」

「これから大いにやるんだと言っていました」

「今、何を書いていますか」

「カチカチ山や花咲爺などのお伽噺を換骨奪胎して、太宰風な新しいメルヘンを書くんだと言って、意気込んでいますよ」

「おもしろいものが出来るでしょうね。去年の暮でした、まだ、空襲が始まったばかりの時分に、近所の古本屋へ寄ってみると、太宰君が来ていましてね、お伽噺の本はないかって探していましたが、戦闘帽をかぶって、ゲートルを巻きましてね。僕などは、ちょっと茫然自失して、仕事が手に付かないでいるときでしたからね、やってるなと思って、ひそかに感心したものでした。ああいう人が、一人いるといないとでは、随分、僕達の精神に影響しますね」

「とにかく東京で頑張るんだと言っていますよ」

「心強いなあ」

それから数日後、上林暁は、漸く出た二月号の雑誌から切り抜いた原稿に朱を入れ、能楽堂を目当てに出かけて行った。坂の途中を見ながら登って行ったが、筑摩書房はどこにも見当らなかった。すぐ分ると思ったので、所番地を書き入れた地図を持って来なかった。やっと、「筑摩書房仮事務所」と書いた古びた木札がかかっている、しもた屋を見つけた。

上林暁が階段を登って二階に行くと、卓子に向っている渡辺新の姿が見え、「だんだん落ちぶれましてね」と、やや自嘲的に言って笑った。

上林暁は、持って行った原稿を渡した。渡辺新は原稿をあらためて、「これでおしまいですね。許可が下り次第、すぐ取り掛ることにします」と言った。

「許可の方、大丈夫でしょうか。僕なんかの作品、不要不急と言われると、なんとも言えないんですが」

「大丈夫ですとも。できれば、マルクウにしようかと思ってますよ」

「マルクウというのは」

「丸の中に空の字のある判を押した、空襲用非常時文芸図書のことですよ」

「ああ、そうですか」と上林暁は笑った。「僕の作品は暗いから駄目でしょう」

「そんなことはありませんよ。丸空だと、用紙の特配が貰えるんです」

それから、四月の十四日頃だったろうか、古田晁があわただしく上林暁を訪ねて来た。古田は息せわしく座敷へあがって来るなり、「上林さん、申訳ないことをしましてね」と詫びた。

「どうしてですか」

「このあいだの空襲で、あなたの原稿を焼いちまいましてね」

「ああ、そうですか。こういう際ですから、止むを得ません」と、上林暁は平気で答えた。

「丸空で企画届の許可がおりましてね、その日、印刷所から原稿を取りに来ることになっていたんです。夕方まで待ってたんだが、印刷所が来ないもんだから、つい、うっかりして、そのまま店に置いて帰ったんです。そうすると、その晩やられたんです。うちへ持って帰ってればよかったんですがね。もっとも、印刷所が持って帰ってれば、やっぱり焼かれていたんでしょう、印刷所も同じ晩にやられたんですから」

「それまでの運命だったのでしょう。歴史を見ると、南都の炎上だとか、応仁の乱だとか、たびたびの兵火があったらしいですが、そのたびに、どれほどかの貴重な文書や書冊が焼けたことでしょうね。もし、それらの文書や書冊が焼けずに残っていたとしたら、現代の文化は、もっと違ったものになっていたかもしれませんね。それと同じことで、今度の空襲でも、湮滅した原稿や書籍の数はおびただしい数にのぼるでしょうから、これは確かに将来の文化に狂いを生じさせますよ」

「ちょっとした学者でも、一万冊くらいは持っていたでしょう。全部では、何十万、何百万という書物が灰燼に帰したわけになりますね」

「むかし、僕という小説家があって、その男の作品は、太平洋戦争の空襲で焼けてしまったそうだと言われる方が、なまじっか詰らぬ駄作を後世に残すよりは、僕にとって有難いことになるかもしれませんね」と、言って上林暁は笑った。

「実際、いまは、一冊の本を出すのも並大抵のことではありません。出すと言っても、何カ月先のことになるか、出来上ってみなくては、なんとも言えません。無事に本の形になればいい方です。絶えず空襲の危険に曝されて、逃げ惑うだけで、いっぱいですからね」

「たいへんなことですね。で、お店の方は、いま、どこでやっていますか」

「渡辺氏の自宅を新しい仮事務所にしています」と言いながら、古田晁は、また、所番地を書いた。

上林暁は原稿を、再び早急にまとめることを古田に約束した。雑誌に発表した作品は、手をまわして雑誌を集め、書下ろしの作品は、たいてい草稿があるはずだから、それを探し出して、手を入れるつもりだった。

井伏鱒二、太宰治の消息

「太宰君も、今度はひどい目にあったらしいですね。この間、甲府の市外に疎開している井伏氏から便りがあって、太宰君がゲートルに下駄ばきで逃げて来たので、二人で甲府の町で酒を呑みながら、阿佐ケ谷会をやったとありましたが」と、上林暁は話頭を転じた。

「僕は先日、太宰さんの家へ行ってみたんですが、半壊にやられて住めなくなっているんです。ちょうど、戦災者慰問の酒が、太宰治のいなくなった後へ配給になっていましてね、僕が一人であがり込んで、呑んじゃいましたよ」

「それはいいことをしましたね」

二人は笑った。

「なんでもあの晩、太宰さんは二、三人で呑んでたらしいんです。そこへ、飛行機が盛んにやって来るんですって。最初のうちは、平気で呑みつづけていたらしいですが、あんまり頭の上近く来るもんだから、こりゃ危いぞと、酔っ払ったまま、みんなで壕の中へ飛び込んだんだそうです。その途端、爆弾が落ちましてね、首まですっぽり土をかぶったんだそうです。しかし、怪我ひとつしなかったそうです。隣組からは、三十三人の死傷者が出たんだそうですよ」

「それは、よく助かりましたね」

「そして、これから大いにやるんだと言いながら、奥さんの実家のある甲府へ引き揚

井伏鱒二

げて行ったんだそうです。そこで、僕のところから出す本を、一生懸命、書いているらしいんです」

「井伏氏の葉書にも、太宰君は仕事に熱中しているとありました。闊達で、悄気ないところがえらいですね」

先輩永井荷風、後輩太宰治、文学一筋に生きる人達の消息を伝え聞くだけで、上林は両方から攻め立てられて、胸の躍る思いがした。

原稿への執念

「それはそうと、永井荷風氏は、いまどこにいられますか」

「東中野の知人の家に身を寄せていられます」

「永井氏の企画届は通りそうですか」

「それは危なそうです、例の艶物ですからね」

雑誌に発表した作品は、どうにか雑誌を集めることもできたが、書下ろしの「夏暦」は草稿もないので、上林暁は落胆した。本の題名も、この作品から採ってあるし、「夏暦」が無くては、一冊の主柱が失われることになるので、上林暁は勇気をふるって筆を動かし、改めて稿を起すことに肚を決めた。そして、朧げな記憶を頼りに、思い浮ぶ断片を綴り合わせているうちに、漸くもとの形に近いものにまとめ上げることができた。

そんなことで手間取って、上林暁が渡辺新の自宅を仮事務所とする筑摩書房へ出かけて行ったのは、六月も半ば頃のことであった。五月二十五日の大空襲の後で初めての外出であったが、もしや渡辺の自宅もやられているのではないかと、上林暁は不安な胸騒ぎのするままに省線電車に乗った。

その日は、空がどんより曇って、小雨が降っていた。電車が動き出して間もなく、早くも焦煙の匂いが、風と共に電車の中に吹き送られて来た。窓の外に展ける際限もない廃墟に、焼けほおけた樹木が立っているのを見ていると、上林暁は原稿包を抱えている自分が、間抜けに見えてならなかった。原稿などと係わりあるものは、何物もないのだ。印刷所も、紙も、本屋も、文化も、人間の生活も、何もないのだ。それでいて、文学だ文学だと言っている自分は、いったい、どうしようと言うのだろうと、上林暁は懐疑にとらえられた。

上林暁が、当てにして行った番地には、舐めたように一軒の家も残っていなかった。焼跡の整理をしていた人を捉えて聞いてみると、焼跡の向うに見える国民学校を指さして、あすこに町会の事務所があるから、そこへ行って聞いてみなさいということであった。

大塚国民学校の廊下の片隅に、椅子二、三脚と卓子だけ置いた、名ばかりの町会仮事務所があった。

上林暁（昭和41年）

「渡辺さんの家はですね、信州へ行ってる間に焼けましてね、一旦、様子を見に帰られていましたが、すぐまた、あちらへ帰って行って、それきり、詳しい行先が分らないんです。筑摩書房宛の手紙も、たくさん来ていますが、そんなわけで、廻送もできなくて困っています」

国民服を着て、腕に町会長の切れを巻いた人が言った。

上林暁は、持って行った原稿を空しく抱え、また小雨に濡れながら、がっかりして帰って来た。筑摩書房も、もはや解散してしまったのではないかとの思いが強かった。万一、信州で再起を計ってくれれば、自分の小説集も陽の目を見ることができるかもしれないが、そうでなければ、流産するよりほかはないであろう。もし、この機会を失えば、もう永久に自分の著作を世に出すことはできないかもしれない。かねて覚悟をしていたことではあるが、差当り困ったことには、今日からの生活問題が焦眉の急となってきた。手持ちの金も、今月一月を支えることができるかどうか、怪しいものだ。妻の入院費をどうするか。風呂にも行かぬことにして、一銭の費えも節しようと心がけていたが、そんなことでは追っつかぬ。最後の一字が売れる限り作家生活を立てて行こうと心を決めていたのに、これでは、どこかに職を見つけるよりほか、生活の立てようがなさそうだ。そんな暗い思いに乱れながら上林暁は帰宅した。

渡辺新の行先が知れず、古田晁の居所も分らないとすれば、残る頼みの綱は、唐木順三であった。唐木の住所は、文学報国会の会員名簿に載っているはずだった。手紙を書くのが何より辛い上林暁だったが、何を措いても手紙を書いて、筑摩書房の消息を問い合わせることにした。

唐木順三から返事の来るまでの間にも、たびたび警報は発せられ、そのたびに上林暁は、先の日持参して行ったままの原稿包を提げて、右往左往していた。

六月も下旬にはいって、かなり暑くなった日、唐木順三が上林暁のところへ原稿を取りに来た。

「いよいよ信州の新聞社で刷ることになりましてねえ」と、唐木順三は言った。

「そうなると、僕の本もなんだか歴史的なものになりそうですね」と、嬉しさに笑みまげながら、上林暁は言った。

唐木順三は、渡辺新も信州に疎開しており、また、古田晁の郷里も信州なので、好都合だと話したりした。

　東京中の印刷工場は、ほとんど焼けていた。

「僕達は今、出版会の五階に一卓子……一室ではありませんよ、一卓子あてがわれてやっているんですが、ここには、焼けた出版社が目白押しにドアを並べて、わんさわんさの盛況ですよ」と、笑いながら、唐木順三は寄合い世帯の出版社の名を指折り数えた。

「愉快なと言っては気の毒だけど、愉快な風景ですね」

「愉快ですよ」と唐木順三は笑った。「そんなわけで、今のところ一卓子しか貰ってないんですが、近いうちには、四階で一室貰えそうですから、ぜひ遊びにいらっしゃってください」

「ぜひお伺いします」

　神奈川県下で、小田急沿線の南林間都市から出て来た唐木順三は、弁当包を出して、お昼を食べて、帰って行った。

　上林暁が出版会に筑摩書房を訪ねて行ったのは、その月も改まって間もなくのことであった。妻の入院費に窮して、月末に支払ができなかったので、月を越して印税の前借りに行くのだった。筑摩書房もたびたびの災難なので、印税の前借りをするのは遠慮したかったけれど、その他には手立てもないので、事情止むを得なかった。

四階まで昇ると筑摩書房の室を示す矢が壁に書いてあった。上林暁は暗い廊下を歩いて、五階から降って一室あてがわれたんだなと思いながら、四十四号室のドアを叩いた。扉には、「筑摩書房」と貼札がしてあった。室の中には、いつも和服の山田さんと言った人が、ただ一人、校正の朱筆を置いて、帰り支度に取り掛ろうとするところだった。室にはいると、最後の一線で文化を死守している引き緊った感じに、上林暁は打たれた。卓子に椅子四、五脚、壁には出版物の進行予定表がピンで留めてあった。いずれも醇乎たる作品集や実のある研究物ばかりの中に、自分の著書の名を見るのは、気恥かしくもあったが、嬉しくもあった。

「今日は、ちょっと無心に来たんですが」と、上林暁は前借りのことを切り出した。

「いくらくらい、お入用なんでしょうか」

上林暁はためらいながら、「三百円ほど」と言った。山田老人は、懐ろから紙入を出して、百円札を三枚、上林暁の前に置いた。上林暁が受領証を書こうとすると、山田老人は、「いいですよ、いいですよ」と言いながら、手で制しようとした。それから二月ばかり経って、二度目の前借りに来たときにも、山田老人は、やはり、懐ろから紙入を出して、上林暁の前に百円札を三枚置いた。のちになって、それは、山田老人が自分の小遣を立て替えたことが分って、上林暁は恐縮した。

「僕の原稿は、もう印刷にかかっているでしょうか」

「もう、取り掛っているはずです。初校はこちらで見ますが、再校の方は、あちらで、国民学校の先生をしている人が、厳密に見てくれるそうですから、お任せください」

「僕はいいですから、よろしくお願いいたします。太宰君の原稿は、もう出来ましたか」

「あなたのより前に出来まして、もう、とっくに印刷所へ渡っています」

「中小都市の爆撃がはじまってるようですが、甲府では、どうだったかしら」

「今度は、焼夷弾にやられましてね、これから大いにやるんだと言って、郷里の青森県へ引き揚げて行ったそうです」

「たびたびの御難だなあ。でも、元気だなあ。永井荷風氏の原稿はどうなりました」

「あれは、企画届が通らなくて、駄目になりました。例の情緒的なところが、今の時勢にいけないんでしょう。私は原稿を読んでみましたが、面白いものですがね」

「闇から闇に葬るのは、惜しいなあ」

「いつになったら、世に出されることでしょうかね。先生も、また、東中野でやられましてね、今は中国筋の知人のところに身を寄せてるんだそうです」

上林暁は温くなった懐ろに触ってみながら、「これで空襲さえなかったらなあ」と、暮れかかった空を見上げながら、御茶ノ水駅さして歩いて行った。

これは、上林暁の短篇小説「嶺光書房」に密着しながら、この作品の持つ芸術性を念頭に入れず、戦禍の中で筑摩書房がどのように行動したかの一点に絞って復元したものである。昭和二十年の二月下旬から、敗戦近い七月の上旬にかけて、筑摩書房と一冊の作品集で結びついた、ひとりの芯の強い私小説家が、どのように戦争末期を生き抜いたかを示すことになろう。

永井荷風から原稿もらう

永井荷風の「罹災日録」昭和二十年二月二十三日に、〝晴。午後床屋に行きて帰るに木戸氏来りて待ちゐたり。其の友人中出版業を営む者あり。最近検閲も稍寛大になりたれば余が近作来訪者踊子など上梓したまはずやと言へり〟という記事が見える。「其の友人中出版業を営む者」は、古田晁のことである。

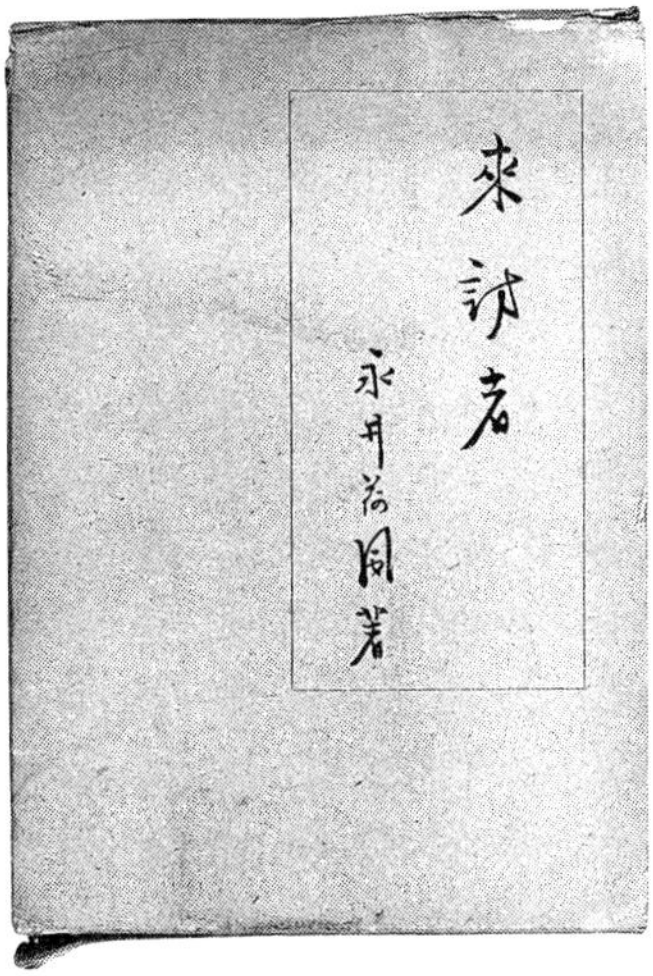

永井荷風『来訪者』

昭和十九年の暮頃、筑摩書房に立ち寄った勝部真長から、このところ情報局の方針が変って、文学的な本も出そうという動きがあると知らされた。勝部は松江の高等学校から東大の倫理学科に進んだ、古田晁の後輩で、その頃、日本出版会に勤めていた。古田晁と中村光夫は、そんなら荷風の作品集を出そうと相談した。荷風は出版社ぎらいなので、新しい出版社を相手にしないだろうということになって、勝部は、自分の高校時代からの友人木戸の名をあげ、荷風のところへ親しく出入りしているから、いっしょに連れて行ってもらえと古田晁に言った。

そこで、木戸と古田の交際がはじまり、木戸が荷風に働きかけて、荷風の原稿をもらうことができた。木戸の実家は小財閥で、飛行機の部品を作る軍需工場を経営していた。また、熱海に旅館も持っていた。

三月六日、木戸が偏奇館を訪ねて、荷風から、「偏奇館吟草」と「冬の夜がたり」の原稿を受け取り、その八日に、木戸が古田を偏奇館に連れて行って、荷風から「来訪者」の原稿を貰った。

三月九日の夜、Ｂ29百三十機の東京無差別爆撃がおこなわれた。焼失家屋二十三万戸、死傷者十二万名、罹災者百万におよび、江東地区は全滅した。偏奇館がこの空襲のため類焼したのは、十日の午前四時であった。荷風は日記と原稿を入れた鞄ひとつで避難した。

焼け出された荷風から、「踊子」その他の原稿が入手できたのは、木戸が説得に成功したためである。しかし、この単行本の企画は不許可になった。

カチカチ山や花咲爺を換骨奪胎して、新しいメルヘンに仕上げた太宰治の『お伽草紙』は、敗戦直後の十月に、また、上林暁の『夏暦』は、翌十一月に刊行された。これらは信州で印刷された。

古田、郷里へ

古田晁は、仮事務所に当てていた大塚窪町の渡辺新の自宅が空襲で焼かれてから、郷里の実家に腰を据えて、企画が通った原稿を印刷にまわして、一日も早く本にしようと駈けずり廻っていた。

「嶺光書房」のなかで、山田老人が初校を見て、再校は、あちらで国民学校の教師をしている人が厳密に見ることになっていると上林暁に言うのも、筑摩書房の実体が、古田の郷里の実家に移っていたからである。この国民学校は誤りで、当時、小野村の青年学校の教師をしていた百瀬勝登のことである。

明治四十年生れの百瀬勝登は、松本中学、松本高校で、臼井吉見や古田晁の二級下であった。松本高校から、京都大学の哲学科にはいった。百瀬は早熟な文才を短歌の制作で示していた。郷里の先輩島木赤彦、太田水穂にも会ったが、百瀬は文学結社には批判的で、歌壇では自由な立場をとった。

百瀬勝登は大学二年のとき、左翼運動にはいり、逮捕されたのち、獄中で転向を誓い、帰

百瀬勝登（39歳）

郷して、短歌の世界に没入した。そういう経歴のため勤め口がなかったためである。松本高校でドイツ語を教わった尾崎賢三郎の世話で、東大前の南山堂に入ったのは、昭和九年の末であった。百瀬は、南山堂に六年近く勤めたが、古田晁が筑摩書房をはじめた昭和十五年には、城戸幡太郎主宰の『教育科学研究』という雑誌を発行していた西村書店で編集の仕事をしていた。

あの古田晁が出版社をはじめたかという感懐はあったが、百瀬は、かたくなに訪ねなかった。翌年、百瀬は、店主の西村と意見が合わず、辞めて帰郷、四月の新学期から小野青年学校で教鞭をとっていた。

上伊那郡小野村は、古田晁の郷里東筑摩郡筑摩地村と隣接しているので、小野青年学校は、両村が共同の組合立になっていた。

昭和二十年の夏の或る日、小野駅前の百瀬勝登の下宿へ、突然、古田晁が訪ねて来た。

「東京では仕事にならないのでこちらで印刷しているが、校正を見てくれる人がない。君に頼む」

古田が手にして来たのは『夏暦』の校正刷であった。百瀬は、これを手はじめに筑摩書房の校正を見ることになった。

土地で呉服店を開いていた唐木順三の兄に頼んで、いっしょに行ってもらい、古田は伊那町の熊谷印刷所の主人を口説き落した。紙附き印刷であった。唐木の兄が酒二升と鶏三羽をさげて行って地ならしをしておいてくれたのである。また、『信濃毎日新聞』の松本文社を動かすために、職工へ米を届けて、印刷を督促したりした。

作家たちに仕事の場提供

大塚窪町の仮事務所を訪ねて行った中野重治が、そこで酒を呑みながら、中村光夫を相手に、戦争が終ったら、アメリカニズムがはいって来るから、僕らは、それと戦わなければならないだろうと語ったという。電灯が薄暗くて、呑み仲間の顔もおぼろげであった。また、中野重治は大塚国民学校の、上林暁も尋ねて行った町会事務所の人から、筑摩書房の人は誰もいないと言われたりした。

中野重治は豪徳寺の自宅から自転車で来た。帰りに焼跡の釘を踏んで、自転車のタイヤがパンクした。

見渡すかぎり焼跡で、修理をたのもうにも店一軒あるはずもない。自転車を引っぱって甲州街道を歩きながら、中野重治は豪徳寺まで帰った。渋谷から一面の焼野原で、遠く本郷台が望まれた。安田講堂も、くっきりと見えた。地下足袋の足の裏が、ずきずき痛んだ。中野重治は執筆も思うにまかせず、また、女の子が患ったりもした。中野の頼みの綱はいつも、古田晁であった。

中野重治が、どうしても警視庁へ出さなければならない手記があった。それが書けないままに五年ぐらい経っていた。この手記を書くために、信州の古田晁の実家へ行った。昭和十九年の夏のことである。

古田の生家にて（右・中野重治）

中野が小野駅に着くと、古田は迎えに出ていて、駅前の料理屋へ寄って酒を呑んだ。この店は、カフエー・タイガーと言った。

古田晁は土地では「菊屋の旦那」で、店のおやじに押しがきくらしく、「この人はたいへん偉いひとだ。これから、時々酒を呑みに来るから、隠しといた、いい酒をかならず呑ませろ」と、言ったり、「それから、こっそり鶏でもつぶして食わせろ」と、頼み込んだりした。

このとき、古田は東京から、わざわざ出向いて、中野が気楽に滞在できるように、あれこれ、心くばりをしていたのであった。

古田晁の実家は門構えの大きな二階作りで、庭に合歓の花が咲いていたり、蔵座敷のあたりに南瓜の蔓が匍い延びていたりした。

古田の父三四郎はアメリカ生活が長いので、紅茶にパン、それにバターやチーズなども出た。

「日本はユダヤ人のことを悪く言う。ユダヤ人というものは悪いかもしれないが、自分が商人として付合ったかぎりでは、ユダヤ人ほど誠実な商人はいない」

などと、古田の父は中野重治に語ったりした。肚を打割って話すところが、古田の父にはあった。

蔵座敷の二階の一室が中野重治に与えられ、そこで、書きづらい手記を書いたが、遅々として進まなかった。

床の間には、野口小蘋《しょうひん》の薔薇の軸がかかっていた。

寝室には、羽根枕があって、中野ははじめてのことなので、びっくりして、古田の妻に笑われたりした。

中野の日課は、朝食を終って、書けもしない手記を少し書き、三時頃には、もぎたての唐もろこしを食べて、それから晩飯。その頃の中野には、考えようもない生活であった。中野は娘にあてた便りに、毎日の暮しを書いてやった。

東京では、なにも、食うものがない、お父さんはずるい、と娘が怒ったそうである。駐在所の巡査が中野重治のところへ顔をだすので、村では変な噂が立ったりしたが、古田の実家では、誰も顔色にも出さなかった。中野の手記は、ついに書き上らなかった。

臼井吉見の『蛙のうた』の中に、〝昭和十九年十一月だったかと思う。古田晁の松本近くの生家へ、唐木順三、中村光夫らが東京からやって来て、酒を飲んだことがある。疎開中の杉捷夫、金子武蔵の両氏も加わったように思う。僕も無断で隊を抜出して参加した。その席上、政府はフィリピン統治の将来を考え、特に火野葦平ら文学者を送るよう考慮中とかの話が出た。僕は啞然とするほかなく、バカバカしくて、無茶苦茶に酔っぱらったことを覚えている〟という記事がある。臼井少尉の部下だった兵隊たちがサイパンに送られて全滅し、生き残った臼井は本土決戦部隊に編入されていた。いまさら「フィリピン統治の将来」などを口にしている唐木順三などは、なにを血迷っているのだろうと思ったからであった。

古田晁の実家は、仲間や執筆家の憩いの場になっていた。中野重治の外に宇野浩二、宮本百合子、辰野隆、渡辺一夫、貝塚茂樹、鈴木信太郎、椎名麟三、野間宏、佐藤正彰、丸山眞男、中島健蔵、田中英光、木村彰一、武田泰淳などが、戦中から戦後にかけて、この家に泊り、小鳥を食べたり、茸狩りをしたりした。また、ここで執筆もした。杉捷夫と金子武蔵は、古田晁の妻の実家の離れに家族とともに疎開していた。

昭和二十年の四月、臼井少尉の属する決部隊は九十九里浜に出動した。米軍の本土上陸に備えて、相手の攻撃を任務としていた。

臼井が利根川べりの滑川町にいたとき、唐木順三と古田晁が、陣中見舞にやって来た。ここは鮒の釣場で、釣宿にどぶろくを持ちこんで、三人は久しぶりに歓談した。臼井は、遅かれ早かれ、ここで死ななければならないと思っていたが、出版の計画を、あれこれ、話し合っていた。それが、ちっとも気にならないのは、久しぶりに同志とかわす酒杯のせいではなかった。出版に就いて、くやしいほど臼井は、仕残した仕事が多くて、生きているのが当然だと思っていたからにちがいない。妄執のようなものであった。

血まみれになった原稿「柴笛」（渋川驍）

上林暁の「嶺光書房」の中で、永井荷風の偏奇館が空襲にあったのを渋川驍へ知らせるために、上林暁が東大へ急ぐことは見てきた。

渋川驍は、本名を山崎武雄と言い、同人雑誌『文藝精進』『大学左派』『集団』を経て、

八王子トンネル（右方は当時の殉難者供養塔）

『日暦』に属していた地味な作家で、東大図書館の司書をしていた。『日暦』には、高見順や新田潤もいて、武田麟太郎が主宰する『人民文庫』へ合流したこともあったが、「龍源寺」や「樽切湖」で地味な作風を示していた。『龍源寺』の出版は宇野浩二の斡旋であった。宇野浩二を取巻く「日曜会」には、上林暁、渋川驍、中野重治なども加わっていた。また、渋川驍は古田晁と同級で、東大倫理学科の出身である。

妻子を疎開させて、東大図書館に宿直しながら、息をほそめて、渋川驍は作品を書き溜めていた。

古田晁は、この作品集を出版することにした。渋川驍から原稿が届くと、すぐに写し取らせた。古田晁には『夏暦』の原稿を空襲で焼いた、にがい体験があった。

渋川驍の、この作品集『柴笛』の最後が、古田晁に渡されたのは七月三十日であった。八月五日、原稿を伊那の熊谷印刷所に入れるため、古田晁は新宿で松本行きの列車に乗った。実家へ帰る義弟の宇治正美といっしょであった。

古田晁は、長い上体を折り曲げるようにして、膝の上にひろげた「柴笛」を読みはじめた。正午過ぎ、汽車は八王子を過ぎて、最初のトンネルに差しかかったとき、原稿の上に、さっと血潮が飛び散った。古田晁は、つんのめるように、さっと身を伏せながら、前の席に坐っている義弟の正美を見た。あっという一瞬の出来事であった。列車が混んで、席に掛けられないため、古田晁の席の肱掛けに腰を寄せていた男が、頭に機銃掃射を受けたのであった。即死であった。敵機の来襲だと思ったとき、あたりが騒然となった。傷ついた人の呻き声にまじって、女や子供の泣き叫ぶ声が聞えた。敵機は執拗に列車に食いついて、離れない。二度目のはげしい機銃掃射を受けた。トンネルをはいりかけて、列車は止まった。敵機に

「柴笛」の原稿

さらされたまま、列車は無防備で、機銃掃射を待っているようなものである。車内は阿鼻叫喚のちまたと化した。古田晁は死の恐怖に襲われた。「もう、いいぞ」と、誰かが叫んだ。長い時間のように感じられた。列車から飛び出し、小高い場所に退避し、古田晁は、じっと息を殺していた。生い茂った夏草は、いきれていた。義弟の正美は医者なので、負傷者の手当などした。

古田晁は義弟に、「よかったな、命拾いをしたな」と幾度も言った。二十分間ぐらい、退避していたろうか。小半時ほどして、八王子からトラックが来た。

「見込みがない奴はだめだ。助かる奴だけにしろ」

負傷者を積んで、トラックは去った。乗客は山を越えて歩き、次の駅から、どうやら、にわか仕立ての下り列車に乗ることができた。

『東京都戦災史』によると、「十二時二十分、敵機が七機、八王子市に来襲、銃撃を加えた。死者は五十二名、負傷者は百三十三名」となっている。

渋川驍の『柴笛』が発行されたのは、奥付によれば昭和二十一年八月十五日。ちょうど、敗戦一周年に当っている。

臼井吉見は『蛙のうた』で、『柴笛』に触れながら、深い感動をこめて、〝空襲のさなかで、こういう小説を書きつづけていた、宇野浩二のいう「目立たない作家」と、その作品集を東京で出版できず、郷里の信州伊那町で印刷すべく、いのちの危険を冒して奔走していた出版者と、この二人のことは、日本の文学のためにも、出版界のためにも、ここにはっきり書きとめておきたい。このことは、作家についていえば、上林暁、太宰治、永井荷風についても変りはない。僕らは接触はなかったが、「細雪」を書きつづけた谷崎潤一郎の場合も同様であろう。ほかにもあったろうが、多くの作家、多くの出版者は、決してこんなふうではなかった。いや、作者と出版者だけではない、出版の許可から用紙の配給にいたる、いっさいの権限を握っていた日本出版会にしても、たとえば上林暁の『夏暦』のごとき作品集をマルクウと称する「空襲用非常時文芸図書」と認め、用紙を特別配給した事実をも忘れるわけにはいかない。軍部やごろつきどもに迎合するものを書き、出版するほか道がなかったわけではない。このことも、書き残しておかなければならない〃と、書いている。

第二部

戦後篇――荒波を乗り越えて

一　新たな出発

新しい雑誌を！

臼井吉見は、千葉県八日市場から六キロほど奥まった法華寺で敗戦を迎えた。この法華寺は、臼井伐木隊の本拠であった。臼井少尉は陣中で、中島光風の『上世歌学の研究』を手にした。臼井が松本連隊に応召する前の駈け足旅行で、広島高等学校を訪ね、執筆を依頼したものである。どっしりと重さを感じさせる、A5判四百ページを越える大著に眼をさらしながら、臼井は、たかまる感慨をおさえかねた。中島光風が、この一冊の著書を残して、広島に投下された原子爆弾で、いのちをおとしたことを、臼井吉見は、まだ知ってはいなかった。

疎開もせずに小田急沿線の南林間都市に唐木順三夫妻は住んでいた。ふたりのあいだに子供はなかった。裏に野菜畑を作ったりして、晴耕雨読に近い生活をしていた。東京の印刷所は、ほとんど空襲で潰滅したので、郷里の信州で、手に入れた原稿を一日も早く本にしようとがんばっている古田晁を助けて、唐木順三は東京との連絡係などをしていた。御茶ノ水の文化アパートに移った筑摩書房には、校正の山田老人ひとりが詰めていた。

唐木順三は、万一にそなえて、古田の郷里の空家が荒れたままになっているのを手入れしようと、古田晁といっしょに出かけたりしたが、そのとき、二人のあいだで、戦争が終わるのも近いだろうという見通しを、話し合ったりした。腰の重い唐木が疎開を思いついて間もなく、日本はついに敗戦を迎えた。

千葉県八日市場から六キロほど奥まった山村の、法華寺近くの農家の庭先で、敗戦の玉音放送を聞いた臼井吉見少尉は、部隊本部からの連絡にしたがい、軍関係の書類、印刷物、記録などの一切を焼き棄てたのち、六十名あまりの部下を引率して、汽車で長野市へ向った。臼井伐木隊は、ここで解散することになっていた。

臼井吉見は、敗残の身を、郷里の生家に疎開していた家族のもとへ運んだ。復員した臼井の心を捉えていたのは、新しく雑誌を出すということであった。

九月のなかば、臼井吉見は、筑摩地村の古田晁の実家へ行き、そこで唐木順三とも会った。古田が臼井吉見の復員祝を兼ねて、筑摩書房の再出発をはかるために、一席の宴を設けたのである。

古田晁は、このとき、ゼロからやりなおすつもりであった。三人は、前から雑誌を出そうと計画していたが、用紙事情などのため、ついに戦時中は、実現できなかった。新しく出す雑誌の編集長に臼井吉見があたることは、このとき、三人のあいだで決まっていた。筑摩書房に関係するようになったときから、雑誌をやることが、臼井の念願だったからである。

唐木順三といっしょに臼井吉見は上京した。臼井は、着るものもなければ、はくものもないので、軍服に軍靴の復員そのままの姿であった。

臼井は、とりあえず、唐木のところに置いてもらい、そこから、御茶ノ水の文化アパートの四階にあった筑摩書房へかよった。筑摩書房は、四畳半程度の独立した小部屋のほかに、廊下を隔てた二十畳ぐらいの部屋のまんなかを衝立で仕切り、太虚堂書房と同居していた。四畳半は校正の山田老人に明け渡し、太虚堂書房といっしょの部屋で、臼井は新雑誌の計画を練っていた。

このときの状態は、本を作ろうにも紙型はなく、また、残本を売ろうにも一冊もなく、要するに戦前の財産は紙一枚もなくなってしまっていた。筑摩書房は、引越すたびに空襲に見舞われ、丸裸になっていた。

硝子が一枚もない窓から、瓦礫の町が見えた。電話は通ぜず、執筆者の動静も、行って自分の眼で確かめるより仕方がない有様であった。乗物の便も悪く、歩く場合も多かった。古田晁は、大宮の寄寓先から通っていた。唐木順三や中村光夫も、執筆者との連絡に歩きまわった。人数は少ないが、みな意気さかんで、筑摩書房という神輿を、自分の肩で、担ぎ廻った。

中野重治は、「僕の子供が病気をして、ものも書けなくなるし、筑摩からだいぶ金を借りたんだ。だいぶって、絶えず金を借りて飯を食ってたんだな、僕は。今の金にすると、どのくらいになるかね。戦争が済んでしばらくして、筑摩が仕事を再開してから手紙が来た。戦争が済んで、また仕事をはじめるに就いて、それまでの過去の貸借関係は一切御破算にしたいから、どうぞ、お許しねがいたいと。僕は筑摩に借があるだけで貸は一銭もないんだから、もちろん、承諾したんだけどもね」と、語った。

このことに関連して、戦争中に宮本百合子のところへ行っていた竹之内静雄も、

「幸福論を書いてもらえっていうわけで、私は宮本さんのところへ、中野さんのところには古田さんが通っていた。だんだん、ああいう方たちが執筆できなくなり、本も出せなくなる、私はずいぶん宮本さんのほうへお金を届けましたよ。さて、戦争が済んで私は海軍から戻っ

て来たわけですが、どの著者のところにはいくら前渡金が行っているか、ほとんど記憶していました、自分が兵隊に行くまでのことは。元帳は全部焼けてしまったけれども、おおむね覚えています、前払金はどうしましょうと古田さんに聞いたら、いっさい焼けたんだから、あれはみんな御破算にしようというんで、そうしました。うちの編集者に言わせると、著者へお願いに行ったとき、その余徳は、ずいぶん、あったそうです」

と、言っている。中野重治に宛てた、この手紙と同じ内容のものが、他の執筆者にも多く出された模様である。

柳田國男を訪ねる

なかなか腰を上げない臼井吉見が、新しい雑誌を作るに際して、どのような編集方針を立てようとしていたかは、相当、重要なことだが、〝新しく出す雑誌の編集をまかされた僕は、こざかしいはからいを捨ててかかろうと思った。執筆者のために、よき協力者たることができればさいわいだが、ともかく、こっちの信頼する筆者に、かねて胸底にたまっているものを吐露してもらうことだ。思いつきの愚問に対する即席答案ばかり書かされて、いいかげん、うんざりしている向きもあるだろう。また、そんな愚問なんか、てんで受けつけようとしない人だって、いないわけはあるまい〟と、『蛙のうた』に書いているところに、考えが落着いて、唐木順三といっしょに、まず柳田國男を訪ねた。十月十二日のことであった。

臼井吉見は、昭和十八年に柳田國男を訪ねていて、初対面ではなかった。

唐木順三も、戦争のさなかに、単行本の『先祖の話』の原稿を貰いに足繁くかよっていた。

「こんど雑誌を創刊することになり、その編集を引き受けたから、御教示を仰ぎたい」

と、臼井吉見が言ったとき、お前に、はたして出来るだろうかという表情が、ちらっと柳田國男の顔から覗かれた。それから、じっくりと、雑誌を作ることが、どんなにむずかしいかということを、柳田は、それとなく語った。相手の心のありようを正確につかんで、こっちの思う方向へ導き出すのが、編集者の建前だと臼井吉見に説いたらしい。しかし、そのとき、臼井、唐木と中村光夫の肚は決っていた。誰がひとのために出すものか、自分の読みたい雑誌を作りたいということであった。だから、柳田國男の意見は、彼の学問と仕事からの当然な帰結だと臼井は感じ取った。

柳田國男は、唐木や臼井の強烈な個性を認め、また、その面魂にはひかれていたが、雑誌を編集する場合、これが邪魔をするかもしれないという一抹の不安を感じたのであろう。

柳田國男は、これからさき、自分が世の中のお役に立ちそうな仕事は三つほどある。そのひとつは、国民固有の信仰。それが、どんなふうにゆがめられているか、証拠をあげて明らかにしたい。もうひとつは、人の心をやわらげる文学。どんな貧しさと悲しみのなかにあっても、ときおりは微笑を配給してくれるような、優雅な芸術が日本になかったかどうか。芭蕉の俳諧などはそれだったと思うが、そんな問題についても考えてみたい。最後のひとつは、国語の普通教育。国語を今後の青少年にどう教えるのがいいかということだ。よく口のきける少しの人と、上手にものが言えない多くの人が入りまじるようなことになれば、どうなるか。みんなが黙りこくっていた時代よりも、不公平がひどくなるかもわからない。自由には均等が伴わなくてはならない。

これまでの軍国主義を悪く言わなければならない理由はいくらでもある。ただ、われわれの挙国一致をもって、ことごとく言論抑圧の結果と考えるのは事実に反している。利害に動かされやすい社会人だけでなく、純情で死をも辞さなかった若い人たちまで、口をそろえて、ただ一つの合言葉だけをとなえつづけていたのは、強いられたのでも、欺かれたのでもない。これ以外の考え方、言い方を修練する機会が与えられなかったからだ。こういう状態が、これからもつづくならば、どんな不幸な挙国一致が、これからも現れて来ないものでもない、と語った。

臼井吉見は、こんな話に耳を傾けているうちに、これはまさに重大事で、文化や思想の根源の問題だと思った。

雑誌は、まだ、ほとんど出ていなかったが、新聞やラジオでとりかわされている言説には、よく口のきける少しの人の、ハンコで押したような一種の、これまでのそれを裏返したみたいな、どぎつく分りいい考え方、言い方が出て来て、あちこちで、その口真似がはじまっていた。

「その国語教育の問題を、随想のかたちで、われわれの雑誌に連載していただきたい。雑誌のつづくかぎり、続けてくださるよう」

臼井は頼んで、柳田の快諾を得た。臼井は、これで雑誌の大黒柱が出来たと思った。誌面では、さりげない形であつかい、それを守り立てて行ったら、心ある読者はわかってくれるだろう。そんなところから、おのずと雑誌の性格がきまってくるような気もした。

誌名『展望』に決定

第一回の編集会議で、雑誌の題名が決った。この編集会議は、十月二十日頃、箱根塔ノ沢の環翠楼でおこなわれた。

この会議の出席者は古田晁、臼井吉見、唐木順三、中村光夫、竹之内静雄、それに百瀬勝登の六名であった。古田晁から口がかかった百瀬勝登は、郷里で校正などを手伝いながら待機していたが、食糧をいっぱい詰め込んだ大きなリュックサックを背負って、この会議に馳せ参じた。当時、銀メシとか、銀シャリとよばれていた白米の塩むすびは、みなに喜ばれた。

旅館へ泊るにしても、米を持参しなければならなかった時代だから当然なことであろう。

　誌名をなんとしようかということで、臼井吉見は「麦」と言い、同人雑誌ではあるまいしと、みなから一蹴された。臼井は、どの時代にも生きのびられる、色がつかない題名にしたい気持もあったし、また、一粒の麦、もし死なずば、という考えも念頭にあった。中村光夫は、「文化」にしないかと持ちかけたが、これも賛成者なしで、唐木順三の「展望」に決まった。この「展望」に、すぐに同調したのは臼井であった。

　みなは、呑んで、酔って、何やかや議論を戦わしたが、具体的な編集案は、ついに出なかった。ただ、十二月十五日発売、昭和二十一年一月創刊号でゆこうという、めどはつけた。


　百瀬勝登は、この年の暮、家族を郷里に残したまま、単身上京した。住む場所がないので、古田晁の寄宿先、大宮の宇治病院に置いてもらい、そこから御茶ノ水の筑摩書房へ通った。

　筑摩書房は、御茶ノ水から、小石川の高田豊川町六十番

高田豊川町の社屋

地を経て、本郷の台町九番地へ引越したので、百瀬勝登は、その二階に移った。この二階家は、田舎の村役場を思わせる木造の建物であった。臼井吉見も、この二階に百瀬といっしょに寝起きして、『展望』の編集にあたった。

ふた間ぶちぬいた畳敷が編集室であった。机と机の間に、臼井は寝床をしき、高いびきをあげて眠った。百瀬は、その隣りの三畳に寝ていた。

ふたりは、それぞれ自炊暮しであった。

臼井は、毎朝、正六合ははいる将校飯盒いっぱいに銀シャリを炊いて、それをぺろりとたべる健啖ぶりを示して、少食の百瀬をおどろかした。しかし、これは、『展望』が創刊されてのちのこと。昭和二十年の十二月十五日発売で、『展望』がスタートしたときは、まだ、御茶ノ水時代であった。吉田澄が入社したのは、『展望』創刊号が出る少し前のことであった。まだ入社したばかりなのに、ボーナスが出て、吉田澄は驚いたりした。

創刊号の目次をかかげると、

日本今後の哲学　務台理作
民族の自覚と歴史的意識　西谷啓治
親鸞　三木　清
喜談日録　柳田國男

杜少陵月夜詩釈　吉川幸次郎
或る日の対話　豊島与志雄
冬に入る　中野重治
田山花袋論　中村光夫
わが信条　E・M・フォースター　中野好夫訳
踊子　永井荷風

である。A5判本文百六十ページであった。原稿依頼に廻ったとき、会った執筆者は一人残らず承諾してくれた。有形の財産は文字通り烏有に帰していたが、創業以来五年間の無形の信用は、はっきりと生きていた。創刊号の発行部数は五万部、特価三円五十銭であった。

吉田澄

創刊号五万部売り切れる

戦後、最初の総合雑誌として、『新生』十一月創刊号が鳴り物入りで発売されたのは、九月二十五日と思われる。

宮守正雄の『ひとつの出版・文化界史話』に、『新生』の印刷をひきうけた中外商業新報社の輪転機がまわりはじめたのが、九月二十四日の夜中となっているからである。表紙も本文と共紙の、新聞ザラで刷った『新生』は、敗戦直後の、印刷、用紙事情の困難で、予定通りには出来上らなかったのであろう。十一月創刊となっているのは、輸送力の低下と見合った考えによったもの、雑誌が月遅れにならないための配慮である。しかし、創刊号の十三万部が、発売当日の午後四時には売り切れたのだから、これも、杞憂にすぎなかった。

『展望』は『世界』と並んで、『新生』に次ぐ、新しい総合雑誌であった。

衝立ひとつで、『展望』の編集部と同居していた太虚堂書房からも、『りべらる』が、昭和二十一年一月創刊で出た。

この雑誌の編集会議で、三十女の編集者が、イサドラ・ダンカンの生涯を載せようなどと主張していた。竹之内静雄は、『りべらる』の編集者に頼まれて、中野好夫に紹介した。『展望』の編集部では、『りべらる』を、筋が通った、まっとうな雑誌だろうと期待していたが、創刊号を手にして一驚を喫した。エロ・グロ雑誌の走りで、内容はどぎついものだった。その中に、中野好夫の原稿が、場違いなカムフラアジに利用されて載っていた。竹之内は赤面した。

目次がすべて9ポイント活字で組まれ、高村光太郎が「書生がつくったような雑誌だな」

目次

『展望』創刊号目次

と言った『展望』創刊号は、発売たちまち売切れになった。竹之内静雄は、K書房にいたとき雑誌の編集をした経験があるから、臼井吉見が作った素人くさい目次をやりなおそうかと提案したが、なに、かまうものかと、そのままになった。

原稿料は四百字一枚十円だったが、売り切れて、もうかったのだから申訳がないと、追っかけて、十円追加した。事情がのみこめない執筆者から、追加分を送りかえされたりしたが、吉川幸次郎からは「大笑の至りに御座候」という葉書が来た。もう一度、同額追加をやろうかという意見も出たが、わるふざけと思われてもというので、二号からは四百字一枚三十円にすることにした。

このころは、どの出版社でも、原稿と引換えに稿料を支払ったが、柳田國男には、最初から一枚三十円を払って敬意を表した。

柳田國男の「炭焼日記」昭和二十年十一月二十四日のところに「筑摩書房の臼井氏来、原稿料持参、一枚三十円とはえらいこと也」と見えている。

『展望』への期待

昭和二十一年一月創刊号で『中央公論』『改造』が復刊され、また『世界』『展望』も同時であった。これに逸早く名乗りをあげた『新生』を加えると、五つの総合雑誌が出そろったことになるが、本多秋五の口真似をすれば、当時の感覚から見ると、『世界』と『展望』は文化雑誌であり、他の三誌は従来の綜合雑誌と言えた。

長い戦争のあとで、みな、活字に飢えていた。また、戦災で多くの書籍が失われていた。臼井吉見は、『展望』を単行本の代役にしようと考えてもいた。

『展望』を出そうとしたとき、三木清の評論「親鸞」と永井荷風の小説「踊子」が、すでに手許にあった。

「踊子」は、昭和十九年二月十一日の午前四時に完成したことは、荷風の「断腸亭日乗」に書かれており、作品集『来訪者』として、古田晁が単行本で出そうとしたなかの一篇であった。この企画が通らなかったので、そのまま手許にあったのを、『展望』に流用したものである。

古田晁と中村光夫が、熱海にあった木戸の別荘に、荷風を訪ねたのは、敗戦後まもない九月七日。その月の十五日の「罹災日録」に、

「天候依然不穏。筑摩書房主古田晁氏去七日旧稿来訪者出版の事を約して帰りしに、今日突然其稿料として金壱万円安田銀行小切手を送り来れり。予其厚意に対して感謝せんよりも聊か疑懼せざるを得ず。単行本一巻出版の謝礼としては其額多きに過るの思ひあればなり」

と見えるように、思い切った手段で入手したものである。中村光夫が、自分から進んで荷

風を受け持ったことも効果的であった。時代は距っているけれども、ふたりは渡仏しており、フランス文学に造詣が深いので、共通の話題もあった。中村光夫は、「偏奇館楼上万巻の図書」を空襲で失った荷風をなぐさめるために、自分の愛蔵本を貸し与えたりした。出版社ぎらいで、一筋縄では捉えがたい荷風も、古田と中村には好意的であった。

唐木順三は、未定稿「親鸞」の整理と発表を遺族からまかされていた。唐木は、京都大学哲学科では三木の後輩で、最初の文芸評論集『現代日本文学序説』が春陽堂から出たのは、三木の推輓によるものであった。この人間関係があったので、「親鸞」は『展望』に掲載された。

吉川幸次郎は、京都大学で竹之内静雄の恩師であった。

中野好夫は、筑摩書房が西銀座にあった頃から、よく顔を見せていた。

豊島与志雄は、中村光夫の東京大学仏文科の先輩であるというように、『展望』の執筆者と筑摩書房のあいだには血がかよい合っていた。

駒込千駄木町に住んでいた豊島与志雄のところに、竹之内静雄が原稿を依頼に行くと、帰ろうとするのを、「待ちたまえ、いいものがある」と引止めた。豊島はコップに薬用アルコールを入れ、それに熱い番茶をそそぎ、「黒砂糖をちょっとこがして入れるのがコツなんだよ」と、新案の飲物を二杯作った。

「飲んでみたまえ、なかなかいけるだろう」

なるほど、なかなかいいと思って竹之内は、この代用酒を飲んだ。酒仙の豊島にも受難の時代であった。

『哲学入門』『人生論ノート』で、広く青年層に影響を与えていた三木清は、敗戦から間もない九月二十六日、豊多摩拘置所で獄死した。三木は埼玉に疎開していたが、そこへ、逃走中の共産主義者タカクラ・テルが逃れて来た。タカクラ・テルは京都大学英文科を出ていて、三木の大学での先輩であった。

三木はタカクラを泊めて、いくらかの旅費を与えたことで、警察脱走を援助したという理由で検挙された。不衛生な拘置所で三木は疥癬をうつされ、それが内攻して急性腎炎にかかっていた。重症患者を放置して、むざむざ殺してしまったことは、平時でも問題だが、敗戦を迎えて、事情が一変していた。ＧＨＱから政治犯の即時釈放、思想警察の廃止が指令されたのは十月四日であった。この僅か九日という時間のずれが、三木清のいのちを奪ったとも言えるが、無法な拘禁であった。

この進歩的な歴史哲学者は、青年時代から『歎異抄』を愛読し、親鸞に帰依していた。創元選書の一冊として、「親鸞」を疎開先で書き上げようとしていた。その矢先に、三木清は逮捕された。この直前に会った唐木順三に、このごろ親鸞を読んでいると三木清は語ったと

宮本百合子

いう。

三木清は、人間が歴史につくられつつ歴史をつくるという構想力の理論を立てる一方、その反面にパスカル、親鸞への傾倒に見られるような心情があった。臼井吉見は、この未完の「親鸞」が、唐木順三を思想的に大きく変身させたと見ている。

唐木順三は、『展望』を、純粋な意味で、自分のために作ろうとしていたと考えてもよさそうである。「田山花袋論」を書いた中村光夫も、唐木と同じことであろう。

その一方、創刊号のために依頼した原稿が気に入らず、掲載しないで、執筆者に返したりもした。このなかに宮本百合子のものもあった。

これは、網走刑務所に服役中の宮本顕治にあてた百合子の手紙を写した三通であった。

戦時中、執筆禁止になっていた宮本百合子が、敗戦を迎えて、書きたいことが、どんなにたまっているだろうと臼井吉見は思った。

小説が望ましいが、評論でも、随想でもかまわない、自由に、書きたいことを思い切って書いてほしいというのが、宮本百合子に対する注文といえば注文であった。前から行っていいた竹之内静雄が担当した。

のちになって、臼井吉見の仲介で、宮本顕治と百合子の往復書簡『十二年の手紙』が筑摩書房から出ている。臼井吉見が感動して、「教養全集」の中に、この抄を載せているほどである。この中の三通の手紙が、どうして臼井吉見の気に入らなかったかと考えてみれば、宮本百合子に求めることが、あまりにも大きすぎたからであろう。

「なあんだ、手紙じゃないか、亭主へ書いた手紙だよ、いたって、当り前の……」

これが読んだ臼井吉見の感想だったが、原稿を返す立場の竹之内静雄が相手を納得させる理由にはならない。竹之内は、苦しい立場になった。

宮本百合子は自尊心を傷つけられて、臼井という編集長は、わからず屋だと思った。臼井吉見が重い腰を上げて、長篇小説の依頼に出かけたとき、駒込の、広い、たたきの土間で、ずいぶん、待たされた。百合子は、怒りを静めるために、それだけの時間では足りなかったらしく、

「あなた、臼井さん。臼井さんって、どういう人なんでしょう」

と、怒りと憎しみと軽蔑がまじり合った、ぎらぎらした眼で、臼井を見据えた。こうして書き出したのが「道標」であった。これは宮本百合子の書いた、いちばん長い小説で、読者

から「どこまでつづくぬかるみぞ」という投書もあったりした。

占領軍の検閲を受ける

第二号から二ページ見開きの「展望」欄を設け、臼井吉見が署名入りで執筆した。臼井にすすめたのは古田晁であった。

臼井吉見は、この欄で、歯に衣を着せず、思うままを、そのとおり、ぶっつけるように書いた。おそろしく戦闘的であった。「展望」欄は、間もなく批評家として臼井吉見が立つ、きっかけになった。のちになって、中村光夫、唐木順三も執筆した。

この号には宇野浩二の「浮沈」が載った。

唐木順三が、雪の中を北軽井沢へ幾度も足を運んで、田辺元に「政治哲学の急務」を書いてもらい、これが『展望』の三号を飾った。

唐木順三が西田幾多郎を慕って、京都大学の哲学科へはいったとき、田辺元は、まだ助教授だったが、昭和十九年、定年退職になり、北軽井沢に隠棲した。京都の終り頃は栄養失調気味であった。

田辺元は、それまでI書店以外の、どの出版社も相手にしなかった。「政治哲学の急務」が出来たのは、唐木順三の熱意にほだされたためである。

この巻頭論文は『展望』に掲載される前、ゲラ刷でCIE（民間情報教育局）の検閲を受け、六箇所の削除を命ぜられた。

内幸町のNHKにあったCIEで検閲を受ける係であった竹之内静雄は、ゲラ刷の削除部分のところを、わかりやすいように折って、大日本印刷の『展望』の担当者に責任校了の形でまかせた。CIEでは表向き、言論の自由を与えていると言っていたから、検閲した形を残さないように、削除部分は、かならず、活字を送り込んで、あきを作らない手数が必要であった。完全な校了まで確かめれば間違いはなかったが、輪転機が検閲の間無理して待機している。竹之内は先方の言い分にしたがって責了にした。

『展望』の三号が出来上り、配本も済んだ二月の二十日昼頃、ジープでアメリカ兵が筑摩書房へ乗りつけてきた。『展望』の責任者に訊ねることがあるから、いっしょに来いと言う。竹之内静雄は、雑誌と責了紙を持ってジープに乗り、CIEに行った。

雑誌が出来上ると、CIEに一冊は納本するのだが、このなかに一箇所削り残しがあったことは、CIEに行き、係から指摘されるまで竹之内は気づかなかった。「国民が一切を犠牲にし生命財産を国に捧げて悔ゆるところが無かつたのは一に陛下に対する忠誠の致す所であつて、軍部は此国民の感情を彼等の為に利用したまでである」という箇所だけが削り忘れて残っていた。

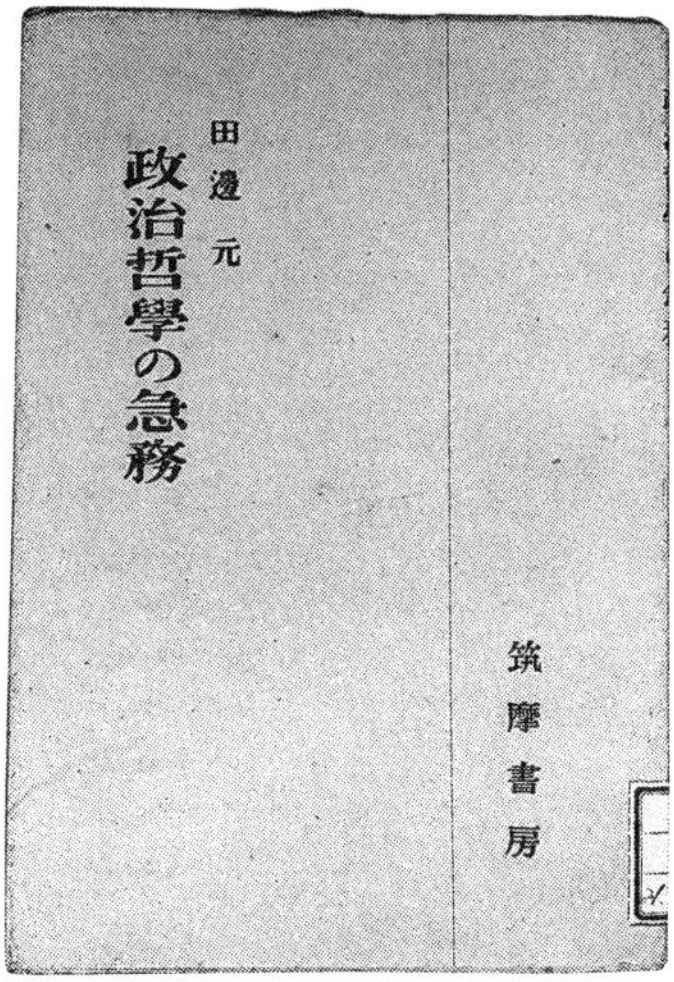

田辺元『政治哲学の急務』

「占領政策に対して故意に反抗している」

と、竹之内静雄に言い、雑誌は、どうなっているかと聞いた。

竹之内は、故意ではなくて、削り忘れたのであり、雑誌は取次に入れて発売にかかっていると、実情をありのままに述べた。

先方では、「すぐ止めろ」と、命じた。

五万部が発売禁止になるのはたいへんだと思ったが、竹之内は、すぐ、九段下の日配支店に駆けつけて調べると、四割ほどは、すでに発送済みになっていた。

「占領軍にやられたから、すぐ止めてくれ」

と頼むと、日配も、すぐに手続をとったが、もう、都内は配本済みで、小売店に出ている。

古田晁は、こまったことになったと思ったが、これは切り抜けようのないことであった。

ＣＩＥへ出向いて、報告すると、

「残高部数を調べ上げて、書類にして持って来い」

と、竹之内は言われた。

竹之内は取次店を、すべて、廻って配本を止めさせ、どこに何部残っているかを、ＣＩＥに届けた。

竹之内が、さんざん相手から絞られたあげく、編集長の臼井吉見も呼ばれた。

結局、『展望』は、創刊号から点検したところ、そんなに悪い雑誌でもないから、今度は大目にみてやろうということになった。

占領軍は、言論の自由を建前としていたから、一部分が店頭に出ている『展望』の発売を禁止すれば、検閲制度が実際にはおこなわれていることを事実で示す結果になるので、発禁を見送ったのであろう。

製作上の暗中摸索

その頃、新聞広告のスペースがなかったので、『朝日新聞』の広告で、「政治哲学の急務」の下に、括弧して八十枚という枚数を入れ、長い論文であることを読者に印象づけようとした。この臼井編集長の創案は苦肉の策だったが、現在でも、長篇小説などの場合は枚数で示すことになっている。

田辺元の「政治哲学の急務」には、「天皇は無の象徴たる有」と規定した天皇論があり、また、皇室財産を放棄したらどうかというようなところもあった。特に天皇は退位なさるべきであると書かれており、それを天皇に読んでほしいというのが筆者の関心事の一つであった。

昭和二十一年六月、『政治哲学の急務』が単行本になったとき、筆者の希望で、安倍能成文部大臣を通じて、天皇に献上された。安倍能成夫人と田辺元夫人は、従姉妹の間柄であった。

使に立った唐木順三といっしょに竹之内静雄も、奉書に包んだ献上本を持って、安倍能成のところへ行った。

のちになって天皇は、全文に目を通されたが、「むつかしくて、ほとんどなにもわからなかった。ただ、天皇は責任上、退位すべきだというところはわかったが、そう自由にもいかない」ともらされたという話が伝わってきた。

『展望』が創刊された半年後の昭和二十一年五月に、松田寿は筑摩書房に入社した。松田は、筑摩書房にはいる前は、新宿高校（都立六中）の教師であった。東京大学の文学部西洋史学科を卒業して、伊那中学に奉職したとき、臼井吉見といっしょだった。臼井は、間もなく松本女子師範へ転任したから、付合いは短かった。

その頃、松田寿は、教師生活に行きづまりを感じて、勤めがえをしようとしていた。先輩の臼井吉見に、教師以外の職場を見つけてほしいという依頼状を出していた。

『展望』が成績をあげていて、編集部が人手不足だったので、臼井吉見は『展望』の編集を手伝わないかと松田寿に言った。その頃、まだ、筑摩書房は小石川の高田豊川町にあった。松田寿は、さっそく、入社して、臼井吉見を助けることになった。

その頃、地方の読者から、直接、『展望』の注文が来た。地方では、物々交換でも『展望』の入手が困難だったからである。郵便事情も悪く、送った『展望』がなかなか着かないと読者から苦情も来たりしたが、おびただしい数の小為替が毎日のように届いた。

本郷台町の社屋を村越武雄から買ったとき、古田晁は、この小為替をいくつかの大束にして、それに現金をつけて支払った。

本郷台町の社屋

この当時は、雑誌は作ればかならず売れたから、販売面の苦労はほとんどなかったが、製作面が困難な仕事になっていた。

筑摩書房の業務は、古田晁や臼井吉見が郷里から連れてきた若手で固めていたが、『展望』の業績があがるにつれて、弱体ぶりが目立ってきた。

松田寿の編集部入りで、『展望』は、余裕が出来たと考えた百瀬勝登は、自分から申し出て、編集から業務に移った。

営業と製作の責任者になった百瀬勝登は、好んで苦労を背負ったようなものであった。

用紙の割当てが決っても、紙が足りないから、現物が支給されず、仮りに支給されたとしても、最初から供給が需要に満たないのだから、勢い、闇紙を買いあさらなければならなかった。

まだ、統制令が生きていて、用紙は配給制度だったから、違反行為は刑罰の対象になった。誰でも無理は承知で、生きるためには、法の裏をくぐらなければならなかった。

闇取引は、すべて現金取引だが、百瀬が印刷代金を十万円支払った日の午後、真砂町の街頭連絡で、かなりの量の闇紙が斡旋された。喉から手が出るほど欲しい闇紙があるのに、印刷代を払ったばかりで、手許に金はなかった。まごまごしていたら、その紙が、どこかの出版社へ流れてしまうと考えた百瀬は、支払ったばかりの印刷代金を、ともかく一時、返してもらうより仕方がないと思った。幸い、印刷所の営業部長とは、百瀬が西村書店へ勤めたときからの顔馴染であった。百瀬は、ねばりにねばって、相手の金庫をあけさせ、代金をそのまま返してもらい、闇紙を手に入れることができた。百瀬は、いつも、事情はちがっても、こんな、あぶない綱渡りをしては、闇紙を買いあさった。しかし、これは筑摩書房ばかりでなく、当時のほとんどの出版社が、同じあぶない橋を渡っていたということである。印刷、製本、その他の下請企業も、空襲や人手不足で、ほとんどが機能を止めていた。筑摩書房が、戦争中から取引のあった大日本印刷、明和印刷、矢島製本が、逸早く復興したので、『展望』も、予定どおり創刊できたが、単行本もはじめることになると、表紙印刷、製版、製函など、暗中摸索の有様であった。

百瀬は、人づてに聞いて、瓦礫の町から松本精喜堂、島田製函、落合木版などを尋ね出して、どうやら、下請陣を整えていった。

終戦の年から昭和二十一、二年にかけて単行本の出版点数が少ないのは、このような悪条件が重なっていたためで、それをおぎなうためにも、『展望』は意識的に大作を載せ、単行本の役割を買って出た。また、この方針が読者から支持された。

『展望』が「政治哲学の急務」と同じように、ＣＩＥににらまれたものとして、昭和二十二年三月号から連載された和辻哲郎の「世界的視圏の成立過程」があった。

この内容は、近世日本の鎖国主義を精緻に実証的にたどりながら、日本の当時の状況のもとに、どのようにして世界的な視圏が成立していったかを論究したものであった。キリシタンの歴史の考察から、その背後のアングロサクソンの侵略史に触れた和辻の論文に、占領軍が神経質になったのは当然であろう。『展望』が、或る意図のもとに、「世界的視圏の成立過程」を連載したとCIEは勘ぐって、検閲済みのゲラ刷を返すたびに、さぐりを入れた。

この論文は、のちに「日本の悲劇」という副題を持った大著『鎖国』の前篇で、戦争中に、和辻哲郎が書き上げていたものであった。

臼井編集長が、和辻哲郎の「世界的視圏の成立過程」を連載形式で発表できたのは、戦時中の困難な時期に、東京大学文学部の和辻研究室で、近世を考え直そうという研究会を作り、十名ほどの若手といっしょに研究したノートが和辻の手許にあったからである。

臼井吉見は、この戦争でも、江戸時代の鎖国を繰り返し、現に国をほろぼし、国民を破滅に追い立てている状態に対する、和辻哲郎の抑えがたい憂憤に頭を下げないわけにはいかなかった。

『展望』の編集部は、CIEの質問の意味がよく呑み込めないような、とぼけた答えで、のらりくらりとはぐらかして、ついに連載を終ることができた。

筑摩書房の北海道支社

昭和二十二年二月一日、商工省は全国紙消費者聯合会に対し、新聞および出版用紙につき、割当枠外の現物配給禁止の通牒を出し、同月十五日、GHQは、出版業者が木材、石炭を製紙会社へ提供して、用紙と物交（物々交換）することを禁止するという通告を出した。

戦後、乱立した出版社に製紙会社の生産能力がついてゆくことができず、闇取引、物交が頂点に達した結果の措置であった。雑誌の休刊もはじまり、六十四頁に制限されていた。なんでも採り入れる雑誌本来の性質から見れば、編集の手腕をふるいようもない有様であった。仙花紙という、屑紙を漉き返して作った粗悪な洋紙が、印刷用紙として幅をきかせていた。

敗戦の年を迎えた頃、空襲で紙が窮屈になったため、その生産地である北海道に、有力出版社が支社を作って、その打開をはかろうとしていた。そのさなかに敗戦を迎えた。

逸早く、北海道に支社を出していたのは講談社で、紙があるにしても、はたして印刷能力があるかどうかの調査をはじめていた。講談社の支社長の村上は北海道の出身で、郷土愛から札幌を、敗戦日本の出版基地にしようという理想を持っていた。また、地元では北方出版社というのが改組拡大して、これもまた、出版文化のさきがけになろうと、まじめに考えていた。

東京は、用紙事情が困難なので、北海道で打開できるかもしれないという考えから、青磁社、白楊書院、創元社、鎌倉文庫、筑摩書房などが、次々と支社を持つようになり、昭和二十二年の初頭には頂点に達した。この舞台の陰で踊ったのが、北海道生れのMであった。

巌谷大四の『私版昭和文壇史』に〝戦争中、故島木健作氏の書生をしていたとかいう男で、妙な人なつこさと、にくめないデタラメさで、小林秀雄氏や川端康成氏等のところにも出入りしていて、ちょうほうがられていた。小林さんは創元社に関係していたし、川端さんは鎌倉文庫の重役をしていたから、この両氏にうまく話をつけて、両社の北海道の支社長になったわけである。何しろ、世の中が何となく常ならぬ、がたぴしした時でないと、その敏腕が功を奏しないという、風雲児的性格の、あくの強い男〟と、Mのことが述べられている。がさつな夢想家だが実行力があった。

Mは、東京から紙型を持ってゆき、北海道の紙を使って、北海道で印刷、製本をして、北海道の日配支社に、出来上った本を納入して、全国の配給網にのせていた。

最初は、地場消費なら、北海道で五十万ポンドの紙を使わせるという話もあった。

このMと筑摩書房を結びつけたのは、中村光夫であった。

筑摩書房の紙型を使って、Mが責任を持って北海道で本にするという約束が出来た。発行者が中村光夫、筑摩書房北海道支社という奥付で、『作家と作品』なども出た。

利益は、筑摩書房とMが折半するというような話も、なんとなく交わされたらしい。

Mは、鎌倉文庫と創元社の北海道支社長を兼ねていたから、当然、筑摩書房の北海道支社長と自任していた。

昭和二十二年の初め、竹之内静雄は、

「お前、M君といっぺん付合え」

と、古田晁から言われた。竹之内は、それまで、Mに会ったことはなかった。

この日は寒い日で、臼井吉見、唐木順三、中村光夫、古田晁、その他の社の幹部が神田のセレーネで会議を開くことになっていた。

竹之内は、本郷の百万石で、Mと付合うことになった。

ふたりで酒をくみかわし、話し合っているうちに、竹之内は、Mという人間は、言っていることと現に行なっていることとが一致せず、心の底のおもむく所はさらに違っていて、信用できがたいと思った。筑摩書房がいっしょに組んで仕事をする相手ではないという心証をMから得た竹之内は、Mと別れたのちセレーネに行った。

重要会議の連続で、みなは呑みながら、会議をまだ続けていた。

「このままの状態で、M氏に紙型を渡して本を作って売るということをしてはいけないというのが私の考えです。では、どうすればよいか。まったく、やめてしまうというのが一つの道。そうでなければ、筑摩の社内から誰かが行って、その者の責任で仕事をする。このふたつにひとつ、どちらかです」

と、竹之内が自分の考えを述べた。

このまま、途中でやめることはできないということになり、竹之内が北海道へ行くことに決まった。

当時の社の状態では、竹之内静雄か百瀬勝登が行くより仕方なかった。言い出したのが竹之内だということで、この役を買わされた。

昭和二十二年の四月二十一日か二日、古田晁、M、竹之内静雄、それに日本出版協会北海道支社の樋口賢治の四人が、横浜から氷川丸に乗って北海道へ行った。樋口は、たまたま上京中で、札幌へ帰るためであった。

一行は室蘭で上陸、札幌に向ったが、普通二昼夜の船旅が、三昼夜になった。途中で海が荒れて、ＳＯＳがはいり、氷川丸が救援に赴いたためである。

四人は氷川丸に乗り込んでから室蘭に着くまで、七十二時間ぶっとおし呑み続けた。ウイスキーだけでも一ダース以上あけた。

古田晁は、北海道支社設立の挨拶廻りをすませて帰京し、竹之内静雄は、ビール会社のそばの下宿屋から自転車に乗って、南一条西四丁目の土肥という下駄屋の一隅を借りて机一つを備えた支社へ通った。初めはすべて一人だけであった。

出版文化祭の試み

東京の出版社の札幌支社と地元の出版社の力を結集して、北海道を文化的なものに持ってゆこうじゃないかというような気持から、北海道で出版文化祭をやることになった。この企画を立てたのはMで、鎌倉文庫、創元社、青磁社の社長を口説き落して、ただちに実行にうつしてしまった。

Mと鎌倉文庫の巌谷大四、青磁社の那須国男は、講師の交渉や、関係官庁や交通公社を訪ねて、一行のために良い船室を確保したり、物資不足にそなえて、食料の補給、酒類の入手に、毎日のように飛びまわった。

最初に正式に決定した講師は、長谷川如是閑、柳田國男、田中美知太郎、清水幾太郎、中谷宇吉郎、久米正雄、小林秀雄、河上徹太郎、亀井勝一郎の九名で、如是閑の付添役の嘉治隆一を加えた十名であった。これに川端康成と中村光夫が加わった。

この十二名の講師の他に、創元社から社長の小林茂と秋山修道に石坂某、青磁社から社長の米国来福と片山修三、那須国男、鎌倉文庫から巌谷大四、それにMの八名であった。

二十名の一行が乗り込んだ氷川丸が横浜港から出航したのは、昭和二十二年五月二十九日の正午であった。この日は晴れて海もおだやかであった。

巌谷大四の「北海道旅行」によると、一行は午前八時に桜木町に集合、桜木町の入江から艀に乗って、港内に碇泊する氷川丸に行った。横浜港が進駐軍の占領下にあったためである。

氷川丸の事務長は、一行のために特に大広間を提供してくれたので、そこが食堂兼談話室になり、一般食堂へ出向く必要もなかった。

五月三十一日の朝、氷川丸は函館港に着いた。『函館新聞』の主催で講演会があり、一行はその夜、函館郊外の湯の川温泉で疲れをやすめた。

筑摩書房も、この企画に一役買っていた。

六月二日午後から、北海道大学の講堂で講演会があったが、満員ではいりきれない人のために、外に拡声器を取りつけたりした。

講演につづいて、パネル・ディスカッションという新形式の文学討論会もあった。議題は「私小説について」、馬蹄型に並べたテーブルに作家が着席し、そのまわりに聴衆が席をとって、討論ののちに質疑応答があった。この形式は、終戦後はじめてのもので、文学討論会は好評であった。

この企画は成功裡におわり、ＧＨＱの情報担当官も、この出版文化祭を高く評価して、こういう事業をやるのが、ほんとうの出版協会だと言った。

この年の十一月十七日から二十三日にかけて一週間、東京、大阪をはじめ全国主要都市で、「読書週間」の多彩な行事がおこなわれた。これは日本出版協会が中心になり、日本図書館協会その他、出版、報道、文化関係団体三十余りが参加した「読書週間」実行委員会が主催して発足したものであったが、爾来「読書週間」は、秋の読書シーズンの年中行事になった。「読書週間」のきっかけを作ったのが、北海道の出版文化祭の成功であった。

出版文化祭が済んで、ほっとした竹之内静雄は、唐木順三の『三木清』を出版する仕事にかかった。この出版は、北海道支社長としての竹之内が手がけた最初のものであった。部数は五千部であった。表紙は東京で作ったものを送ってもらい、本文の印刷と製本は札幌でやった。奥付の発行名義人は竹之内静雄であった。

札幌の銀行にも口座をつくり、竹之内の責任で、筑摩書房北海道支社を運営することになった。

Mにすれば、竹之内静雄のやり口は、なにもかも気に入らなかった。竹之内が北海道に出向いた役割は、Mに筑摩の仕事から手をひいてもらうことだったから、どこかで二人がぶつかり合う必然性はあったが、思ったよりも早く、その時が来た。

製本が出来上ると、Mは顔馴染の製本所から、五千部の『三木清』を運び出して、どこかへ隠してしまった。竹之内はMの無法なやり口を許すことができず、告訴の準備までととのえたが、講談社の村上北海道支社長が間に立って、円満裡にMと手を切ることができた。

竹之内静雄の北海道支社長時代は、一年あまりの短い期間であったが、永井荷風の『来訪者』などの他、いろいろな単行本を手がけた。竹之内静雄が東京本社へ後半の五カ月ほど出向したため、松田寿が、そのあいだ札幌支社に赴いて、運営に当った。

昭和二十二年、土井一正と石井立が入社した。土井は四高から京大の法科へ行き、卒業後は満洲の北支開発株式会社に勤めていた。石井は弘前高校から京大の独文にはいった。一時、大地書房で『白鳥』の編集をしたこともあった。石井は詩人で、大地書房の編集局長だった詩人の野上彰と親しかったためである。大地書房が、マル炭マル木事件で混乱状態に陥ったとき退社し、太宰治のところに出入りしていた。太宰の紹介で、『展望』の編集部にはいった。

翌二十三年、一高から京大の西洋古典文学科に進んだ井上達三は、卒業後すぐに入社した。井上は、大学新卒で筑摩書房に入社した第一号であった。井上から少し遅れて、岡山猛が、日本出版協会の編集部から入社した。岡山は東大の法学部の出身である。

筑摩書房の編集スタッフは、創立当初、官学系で占められていた。近代日本のジャーナリズムを広く支配してきた私学系がまだ参加しないうちに、筑摩書房の社風が出来上ったようにも考えられる。個人のつながりで人を採用していたから、あるかたよりがひとりでに出来たのかも知れない。官学私学の中退者も入っているが、この成立ちは、筑摩書房の性格を捉える場合の、ひとつの拠りどころになるだろう。

現在は規模も拡大され、二十年近く社員を公募するようになってから、社員の色合いも多種多様になったが、その根底に、他の出版社とちがうものが、やはり、流れているように思われる。創業から昭和二十年のはじめごろまでの魅力は、筑摩書房が最高学府らしい誇りを持っていた点にあった。これが具体的に表現されたのが『展望』であった。

加藤秀俊の「中間文化論」によれば、戦後文化の第一段階は高級文化中心で、第二段階は大衆文化中心になり、第三段階は中間文化中心であるということになる。『展望』は、この第一段階の、みごとな産物であった。

『展望』の歯車は、第一段階の歯車とあまりにも緊密に嚙み合い、第二段階とは無関係に自転し続けた。最初からもっとも完成した形で、時流にぴったりと適合していたことが『展望』の、最後はいのち取りになったということにもなろうか。

単行本の成績も、あまり、あがらなかった。

本を作るに困難な時期がすぎて、出来た本を、どうして売りさばくかという苦労へ業務の重点が移りつつあった。営業面に配給会社から赤田弥吉を迎えて、強化をはかることになり、百瀬勝登は製作に専念するようになった。

太宰治の死とベストセラー『人間失格』

北海道支社の竹之内静雄に、古田晁から、とにかく引き揚げて来いという指令が来た。

昭和二十三年六月十四日朝の五時頃に上野駅に着いた竹之内は、そこから本郷台町の筑摩

太宰治（昭和19年、撮影田村茂）

書房へ直行した。勝手を知っている竹之内は、戸締りを勝手にあけて、中へはいりこみ、古田晁の出社を待っていた。七時過ぎ、電話がかかってきた。竹之内が出てみると、「太宰治が昨夜、玉川上水に飛び込んだ。誰かすぐ来てくれ」と言う。

　社の重立った人達に連絡してから、竹之内は、現場へ駆けつけ、新潮社の斎藤十一などといっしょに、連日お通夜の世話や、人夫を雇って死体捜しをした。

　太宰治は、「人間失格」を『展望』六月号から連載中であった。この連載は八月号で完結したが、「人間失格」の最後が『展望』に発表される前に自殺してしまった。

「人間失格」は、太宰文学の総決算とも見られ、主人公の大庭葉蔵は、小説化された作者の自画像ということになろう。この小説の催促を買って出た古田晁のために、太宰治は最後の努力を傾けたと見られる。堤重久にあてた手紙、その他に拠ると、昭和二十一年のはじめから、この長篇小説の構想はあったらしい。

　昭和二十一年六月号の『展望』に、太宰治の戯曲「冬の花火」が載った。編集会議で、太宰に書かせろと言ったのは古田晁であった。この戯曲に太宰はたいへんな自信があって、原稿のあとから、傑作だと自画自賛したハガキを寄せたりした。二十二年の『展望』三月号に、「ヴィヨンの妻」も載った。

古田晁は、戦争中に短篇小説集『千代女』を出しており、敗戦後まもない十月に『お伽草紙』を出版してもいた。

太宰治と古田晁は、互いに心の奥深いところで触れ合うことがあったらしい。

ふたりは照れ屋だから、口に出しては言わなかったろうが、精神的に双生児のような結びつきがあったようである。

太宰治『人間失格』

自殺の当夜、太宰治は大宮へ古田晁をたずねて行き、古田が信州へ行って留守のため、そのまま帰り、夜半をすぎて投身したという話を、その頃、竹之内は人から聞いた。

この頃、筑摩書房の苦しい経理を担当していた河田という老人は、竹之内静雄に、「あの太宰っていうのはひどい呑兵衛ですなあ。カンヅメ中、古田さんを相手にむやみと呑んで、その呑み代が原稿料の三倍にもなってるんですよ。かないませんな」

と、愚痴ったりした。古田は、この「第三の手記」の後半を書き上げるときも、太宰を大宮のてんぷら屋に連れて行き、その本宅の二間を借り、ここで静かに仕事をしてもらっていた。

臼井吉見の「作家と作品」によると、「第三の手記」の前半は、三鷹の仕事場で書き、残りの五十枚を書くために大宮へ行く前に、千駄木町の豊島与志雄を訪ね、そこで夜通し呑みつづけた。臼井は、その夕方、太宰治を筑摩書房へ連れて来た。臼井は、筑摩書房へ泊り込んで、山賊のように暮していた。

酔いしれて寝てしまった太宰を、社員たちが、臼井の敷きっぱなしの蒲団へ運び込んだ。翌朝、臼井がのぞいて見ると、太宰は上機嫌で、若い編集者に「井伏鱒二選集」の『悪い仲間』のあとがきを口述していた。

「人間の一生は旅である……」太宰は、よどみなく口述を続けながら、臼井をちらっと見、首をちぢめて、くすっと笑った。太宰治のまわりには、昨夜のアンプルのからが散らばっていた。この選集のお膳立てをしたのは太宰であった。

翌々日、大宮へ出かけ、てんぷら屋に滞在して「人間失格」を書き上げた。臼井と会ってから、二十日ほどで、太宰は玉川上水に身を投じた。

中村光夫の『作家と作品』、太宰治の『ヴィヨンの妻』などが売れなくて、倉庫に山積みになっていた。

その頃、中村光夫が社に来ていたとき、例の河田老人は、雑談のついでに、

「中村光夫という人の本は、ちっとも売れなくてね、返品ばっかしで困っちゃうんですよ。だめですな、あの人は」

と、言った。

筑摩書房では、みんなが中村光夫のことを、本名で「木庭さん」と呼んでいたから、河田老人は、中村光夫が木庭一郎と同じ人だとは知らなかったのだ。

「中村光夫というのは私です」

憮然としたおももちで、中村光夫は言った。

太宰治が玉川上水へ飛び込んだ途端に、新聞でも、ラジオでも、連日太宰を話題に取り上げ、『ヴィヨンの妻』が、たちまち売り切れてしまった。

七月二十五日発行の奥付で出た『人間失格』は、ベストセラーになり、二十万部売れた。

この頃、旧円の封鎖で、どこも新円不足であったから、この売行きは効果的であった。

当時、口のわるい業界で、太宰治が死んで、息を吹き返した出版社がふたつある、と陰口

が言われた。新潮社から出た『斜陽』も、もちろんベストセラーになったが、経営ががっちりしているから、ふたつの出版社のうちにははいらない。筑摩書房と、「太宰治全集」を出していたY書店のことである。『人間失格』は、筑摩書房として最初のベストセラーであった。これで、ほっと一息ついたと、北海道から帰って専務取締役になった竹之内静雄が語った。

この頃、アメリカからバイヤーが日本に来るようになった。

古田晁の父三四郎が、貸したままになっていた金が、借主から戻ってきた。古田晁の知らない金であった。これが前後、二度にわたって、届けられた。古田晁にとっては、夢のような出来事であった。

第一回は昭和二十三年、株式会社筑摩書房が、まだ十九万八千円の資本のままだったから、これで三百万円に増資、それまで住宅難のため家族を疎開先に置いたままだった古田晁の住居を本郷西片町に、また、臼井吉見の住居を高円寺に買いもとめた。のちの第二回分で、五百万円に増資、古田晁は市ケ谷に住居を買って移った。西片町のあとには竹之内静雄が住むことになった。

『人間失格』で、一時期は、どうにかなったが、社の経営状態が悪いところへ投入した三百万円は、またたくうちに底を突きそうになった。焼石に水とはこのことかというような感じであった。

田辺元『哲学入門』実現へ向けて

竹之内静雄は、社の経営を立て直すためには、どうしても、意識的にベストセラーを作らなければならないと考えた。

竹之内の着想は、第一流のとびぬけた実力ある著者に頼んで、入門書を書いてもらうことであった。この考えを筑摩に合うものに押しつめて、田辺元の『哲学入門』という出版企画を思いついた。

臼井吉見は、出来れば売れるにきまっているが、出来るはずがないと言い、また、唐木順三は、田辺元が入門書など書くものかと、竹之内静雄のプランを問題にしなかった。しかし、竹之内は、あきらめなかった。

酒を呑みながら唐木順三に、

「田辺先生は、最近の哲学の本の中で、弥陀四十八本願の中で、最後のひとりまで人間が救われなければ、自分も救われないということを哲学の本質的な問題として、ちゃんと書いているではありませんか。あんな難解な言葉や文章で、最後のひとりまでどうして救われるものですか。誰にでもわかる言葉で、あの深遠な思想を説いてこそ、田辺哲学が実践されるというものでしょう。どうしても、書いてもらおうじゃありませんか」

と、竹之内静雄は、からんだ。

「竹之内、お前、なかなか、うまいことを言う。ふたりで行ってみようか」

唐木は竹之内の熱意に押された。

北軽井沢の田辺元を訪ねて、唐木が口説いた。竹之内は、借りてこられた猫のように唐木の蔭にかくれて坐っていた。竹之内は、ただ祈るような気持であった。

「書くというわけにもいかんが……」

と、田辺が言ったとき、

「それじゃあ、何人か連れてまいりますから、講義の形で……」

と、唐木が頼んだ。この講義を速記にとり、それに手を加えて、まとめることに決まった。

唐木と竹之内は、帰りに草津へ出て一泊した。帰りの切符を買うと、駅弁ひとつ買う金もない始末。ウイスキーの呑み残りが少しあったのを、一杯ずつ取った氷水にたらして飲み、空腹をかかえたまま、一文なしでやっと東京へ辿り着いた。

福岡隆が、この速記を頼まれたのは、昭和二十三年の九月の末か、十月の初めだったという。

福岡は、『展望』の仕事をしていた関係から、速記をやることになったが、「田辺先生は気むずかしい人で、今まで速記を元に著書を出したことがないから、たいへん不安に思っていらっしゃる。先生の著書を二、三冊読んでおいてくれ」

と、唐木から言われた。

福岡は、筑摩書房から出ている『実存と愛と実践』『キリスト教の弁証』『政治哲学の急務』や、岩波書店から出版されている『懺悔道としての哲学』『カントの目的論』などを勉強した。これだけ読むのには相当な日数を要した。煮つめた文章なので、小説を読むような具合にはいかない。しかし、まがりなりにも、これだけの準備をした効果はあった。

田辺元（北軽井沢の自宅にて）

信州哲学会の十七名が選抜され、北軽井沢駅前の宿屋に泊って、そこから会場へかよって聴講することになった。田辺元の山荘は四畳半ぐらいのところしかないので、隣家の宮本和吉の別荘を借りたが、ここも八畳の座敷に廊下があるだけで、どんなに詰めても二十名あまりしかはいらない。

信州哲学会の三村という小学校の教員に世話役をたのみ、集まった聴講生十七名のほとんどは小学校の教員であった。

第一回は、この外に唐木順三と京大からは辻村公一が参加、速記者の福岡隆を加えて、総計二十名であった。

期間は十月二十日から二十四日まで、なか一日休んで正味四日間、午前と午後の二回、講義がおこなわれた。

この社史の資料として、当時の思い出を寄せた福岡隆の手記によれば、

〝私は生まれて初めて田辺元という大哲人にお目にかかったわけであるが、小柄な体を和服、袴で包み、白髪の坊主頭に色白で眼の細いのが印象的だった。ひと口で言えば禅坊主といった感じ。講義をするときにも直立不動で、眼の玉も据わっていた。何よりも私をおどろかせたのは、メモ一つ、紙片一つ持たないで、一点を凝視したまま、無即有、有即無、絶対媒介といったような哲学用語が、お経の文句のようにほとばしり出ることだった。ときおり、黒板に向って図解されながら話されるので、速記する私のほうは忙しかった。なにしろ録音機のない時代のことだから、話も速記しなければならないし、黒板の図も書かなければならない。それでなくとも内容がむずかしいのだから、私は無我夢中で書いた。いま思い出しても冷汗ものだが、二十年以上たった今日でも妙に忘れられない先生のことば癖を一つだけ覚え

ている。それは「とにもかく」ということばだ。普通、「とにもかくにも」とか「とにかく」とか「ともかく」というところを、先生は「とにもかく」で止めてしまう。これには速記しながらなんべんも苦笑したが、先生独特のことばなので原稿には訂正しないでそのまま生かした〟とある。

この速記を整理したものに田辺元が手を加え、『哲学入門――哲学の根本問題――』が刊行されたのは翌二十四年の三月十日であった。

筑摩書房が貧乏のどん底へはいりかかったときであった。三万部作った。竹之内静雄は、出来たばかりの『哲学入門』の見本を持って日配へ行った。仕入課長の石川度治に会って、これを買切りの条件で仕入れてほしいと言った。出版物のほとんどが委託取引であった当時、買切りということがどれほどの意味を持っていたか、事情にうとい人には分らないであろう。それは同時に、仕入れた本の全額支払いを意味している。

「いくら、作りました」

「三万部です」

石川度治は、二万五千部を買い切ってくれた。竹之内静雄はその眼識に敬意を払いつつ、急場をしのげるのがうれしくてならなかった。この年のうちに『哲学入門』は二十万部に近い売行きを示した。この成功は、計画的にベストセラーを作りあげることができるという確信を、まだ若かった竹之内静雄にもたらしたようである。

厖大な出費の苦労

この順調なすべり出しに気をよくした筑摩書房は、『哲学入門』の補説を企画し、『補説第一―歴史哲学・政治哲学』『補説第二―科学哲学・認識論』『補説第三―宗教哲学・倫理学』を順次まとめることになった。

補説の講義も北軽井沢でおこなわれ、形式も、『哲学入門―哲学の根本問題―』と同じだった。「歴史哲学・政治哲学」は昭和二十四年の四月、「科学哲学・認識論」は同年十月、「宗教哲学・倫理学」は二十六年の十月であった。「歴史哲学・政治哲学」から、第一回目の出席者唐木、辻村の他に、京大から大島康正と上田泰治が参加するようになった。また、第二回目の講義にだけ、傍聴の椎名麟三といっしょに臼井吉見も出席した。

臼井吉見が、四日間おこなわれた「歴史哲学・政治哲学」に傍聴の形で椎名麟三と参加したのは、早く原稿をまとめて、本にしたいためであった。

唐木、辻村、大島、上田、椎名、臼井と、速記の福岡の七名は、講義が終わると、すぐに沓掛の塩壺温泉へ行った。塩壺温泉は、鍋底のようなところにあって、宿は一軒しかなかった。ここへ泊り込んで仕事を進めた。

福岡が、いちばん端の部屋で、まず、速記を文字にかえた原稿にする。それを次の部屋にいる辻村、大島、上田、唐木が、片っぱしから持って行っては内容を検討し、補正加筆して、次の部屋に待機する臼井に渡す。臼井は、これを読んで文章を整える。この流れ作業が、毎日、夕方まで繰り返された。

夜の食事時には、きまって酒になった。酒に弱いのは福岡ぐらいで、酒豪ぞろいだから、深更まで酒盛りがつづき、陽気になってはしゃいだのちは、蛮声を張り上げての放歌になった。谷間の一軒家なので、どこからも文句は来なかったが、女中たちが、あきれて寄りつかなくなった。

銚子がからになると、唐木が台所へ押しかけ、拝みたおして、追加を運ばせるというありさまであった。東京はまだ食糧難なのに、ここは物資がどうやら豊かであった。

原稿も出来上って、宿を引き揚げることになったが、勘定が払えなくなった。筑摩書房へ臼井が連絡して、銀行送金を頼んだ。

椎名麟三を偉い小説家だと言っても、女中たちは、信じようとしなかった。

「深夜の酒宴」や「重き流れのなかに」を『展望』に発表した小説家だと、速記の福岡隆が説明しても、

「深夜の酒宴だなんて、あなたたちのことでしょう、夜中まで毎晩呑んでさ」

女中たちは、からかわれていると思ったらしかった。「愛染かつらの川口松太郎先生の名は知ってるけど」

一行は、その晩、一泊するより仕方なかった。

あくる日、沓掛の銀行から入金の電話がはいり、臼井が取りに出かけることになった。宿では、あやしげな出版社の連中と見たらしく、番頭を付け馬に出した。

やっと、支払をすませて、無罪放免された唐木たちは、北軽井沢に引き返し、田辺元に会って、原稿の手入れを頼んだ。田辺元の手をはなれた決定稿には、欄外まで、こまごまと書込みがほどこされていた。

筑摩書房は、『哲学入門』には、相当な出費があった。それに経済的にも苦境であった。『展望』の座談会を毎月速記していた福岡隆の僅かな速記料も、二カ月先付けの状態であった。信州哲学会の人たちを集めたり、速記料や宿泊費なども、かさんでいた。

古田晁は、理由を挙げて、印税を一割五分にしていただけないだろうかと、おそるおそる田辺元に伺いをたてたが、「そういう率の印税はもらったことがありません」というのが田辺元の答で、二割をゆずらなかった。とにかく、このようにして、『哲学入門』四巻が出来上った。田辺元は、この仕事のため、健康をそこねたようであった。古田晁は、通称「ブーちゃん」と言ったコックの宮内を連れて行き、特別な料理を田辺元のために作らせたりした。

相伴役で同行した唐木順三は、

「田辺先生は、とても喜ばれてね、だんだん深い人間関係が筑摩書房との間に出来て、向うも信用してくださるし、戦後の主要な著作もいただけるようになり、ついには全集も出させてもらえることになった」

と、感慨をこめて語った。戦後、田辺元の諸著作や和辻哲郎の『鎖国―日本の悲劇―』などの刊行が、筑摩書房の地位をたかめるのに大きく役立ったことは事実である。

田辺元は自分に対しても厳格だったが、他人の非も決してゆるさなかった。田辺元の弟子たちで怒られなかった者は、ほとんど一人もいなかったと言われたものである。唐木順三が、まだ学生の頃、田辺元に、ひどい怒られ方をして、学校をやめようかと思ったこともあったという。

田辺元の妻は、レコードを聞くとき、押入れのなかにはいり、音を小さくして、勉強のさまたげをしないようにした。また、女中を雇っても、長くは居着かなかった。

朝起きて雨戸をあけるときから、食事のこと、寝床を敷く時間まで、ほとんど、みな、田辺元流の時刻表があって、これに一分でも遅れたり、また、早めになっても、女中はどなられる。入浴の時間もきちんとしている上に、湯槽のなかに温度計がはいっていて、湯加減が四十一度か二度でなければならぬという塩梅、これに少しでも狂いがあれば、雷が、たちどころに落ちた。からだの弱かった田辺の妻は、三、四年は病床についたままであった。京都から北軽井沢に連れてきた教え子の縁者は、ひと月たらずで逃げかえってしまった。唐木順三が頼まれて世話をした信州生れの娘が、いちばん長続きをしたが、どうしても勤まらないと、再三唐木のところへ手紙で訴えてきた。

井上達三は、田辺元の注文どおりの品を探し出して届けたので、たったひとりのお気に入りの弟子であった。手帳とか、ワイシャツ、時計、万年筆など、田辺元が指示したものを手に入れるために、井上達三は身のほそる思いをした。

昭和二十六年九月、田辺元の妻が死に、北軽井沢で葬儀がいとなまれることになった。古田晁以下数人が行った。

出向いた編集者から、田辺元の依頼により電報で、会葬者に配る饅頭の注文が筑摩書房へ来た。電文には、本郷の藤村で作らせること、また、饅頭の大きさは、楕円形で、長いほうの径は三寸四分、短いほうはいくらで、何百何十箇と数も指定してあった。この頃、筑摩書房は、貧乏のどん底にあった。経理を受け持っていた河田老人は、そんな大きな饅頭を、今時、作る必要はない、常識に外れている、どう考えても、もっと小さなものでよかろうと主張して、ゆずらない。これは、金がない実情から来たものだから、一歩も引きそうもなかった。

竹之内静雄が、この饅頭評定に断を下した。指示された通りに作れば、それがたとえ、いかに非常識であっても、あとで文句を言うような田辺元ではない、一分でも違えば田辺元は激怒するであろうと。田辺元の指示通りに注文して、北軽井沢へ届けさせた。

これを見た田辺元は言った、「私は、昨夜、小さな饅頭が届いてきて、腹が立ってしようがない夢をみた。ところが今、注文通りの饅頭が出来てきて、実にうれしい」と。子供のようなものである。

葬式がはじまり、村の人たちは、心ばかりの香奠を持ったりして、焼香に来た。田辺元の哲学からいうと、香奠を受け取ってはならないことになる。弟子の大島康正などが、田辺哲学を説いて、香奠を断わる。村のおばさんなどに、田辺哲学など分るはずがないから、聞いたあげく、「それでもまあ、どうぞ」とおしつける。それを断わるのに大学の先生たちが苦労した。饅頭は一人に、ひとつずつ渡した。赤ん坊をおぶった人には一個でよかろう、いや、小さな子供といえども一個の人格者であるから、その分をふくめて、饅頭を二個渡すべきではないか、ということで、それを決定するために、当事者のあいだでは、真摯な論議がかわされた。あいまいな事は少しでもゆるさない田辺元に薫育された弟子たちの手で、心のこもった葬儀が営まれたのは、九月二十六日であった。田辺元には子供がなかった。冬が早く来る北軽井沢の山荘で、孤独な老境をおくる田辺元が、心の頼みにしていたのは井上達三であった。なにを頼んでも、億劫がらずに雑用をはたす井上達三を、田辺元は生きる力にしているらしかった。

田辺元は昭和三十七年四月二十九日に没した。亡くなる前に、「私の著作権は、すべてお前にやる」と、井上達三に言ったが、井上は固辞して受けず、下村寅太郎が代表となって著作権を管理することになった。「田辺元全集」全十五巻が、筑摩書房から刊行されるようになったのは、生前の著者と筑摩との間にかたい結びつきがあったからである。

二　綱渡りの連続

負債の蟻地獄と「中学生全集」

筑摩書房は、『哲学入門』がベストセラーになった程度では、負債の蟻地獄から匐いあがることはできない状態であった。印税や原稿料も溜って、執筆者に顔向けができない有様であった。

『展望』も、赤字続きで、ただ、意地になって、やっと、毎月、引きずるようにして出している感じであった。

昭和二十五年からは、ついに給料の遅配もはじまった。

入社してまだ日の浅い社員から、

「臼井さん、あんたなんか、なんだ。われわれが、ここで働いているのは俸給を貰うためで、あんたのように物好きで雑誌を出していられちゃあ、かなわん」

と、臼井編集長は突き上げられたりした。臼井吉見は副社長格であった。思いつめたように言い寄るその男の眼から、臼井が顔をそむけて、たしかに、この社員の背後には、食わしてゆかなければならぬ家族がいるのだと思った。臼井も、給料の遅配は骨身に徹していたから、この社員の言い分は、痛いほどわかった。それだけにやりきれなくて、いやな気にもなった。出版事業が理想を失ったら、ただの営利事業になってしまう。もうけるためなら、もっと他に手軽な仕事があるはずだと、臼井は自分に言いきかせたが、負け犬の繰り言に過ぎないように思われた。

臼井吉見は、この期におよんでは、機関銃で射ちまくらなければだめだ、一発、二発あたっても、どうにもならない、筑摩書房がつぶれる日が、もう、目の前にせまっていると感じた。このとき、臼井吉見の頭にひらめいたのは、「中学生全集」百巻という案であった。臼井吉見は、よし、これならいけると思った。

「中学生全集」となれば、これまで筑摩書房に縁のなかった執筆陣を動かすことができるだろう。知らない人か、縁のない人でなかったら、快く協力してくれそうもなかった。それほど、印税や原稿料の不義理がかさんでいた。

少年物の専門家を集めて、編集会議を開こうにも、車代や茶菓子を買う費用もなかった。臼井吉見は、その頃、露店にならんでいたゾッキ本を手あたり次第に読んで、生かせるものは生かし、それに文庫本などの名作をつきまぜて、とにかく、「中学生全集」の頭をつくることにした。百巻を続刊してゆくうちに、胴体を作り、それに手足をつけて、ともかく、血のかよったものに仕上げるつもりであった。臼井の好みに合わないが、拙速主義の急場のがれの非常手段を採った。

編集会議で、高校、中学、小学生を包含した全集が安全だという意見も出たが、中学生一本にしぼることにし、監修者は安倍能成、仁科芳雄、柳田國男に依頼した。安倍、柳田は、この案に乗り気で、名前を貸す程度ではなく、実質的に執筆者の人選などにも関与しようとした。社の状態がよかったら、たいへんな厚意に感謝すべきだが、仕事をすすめる場合に、有難迷惑と思うような逼迫加減であった。だから、連絡不充分で監修者から叱られたりもした。

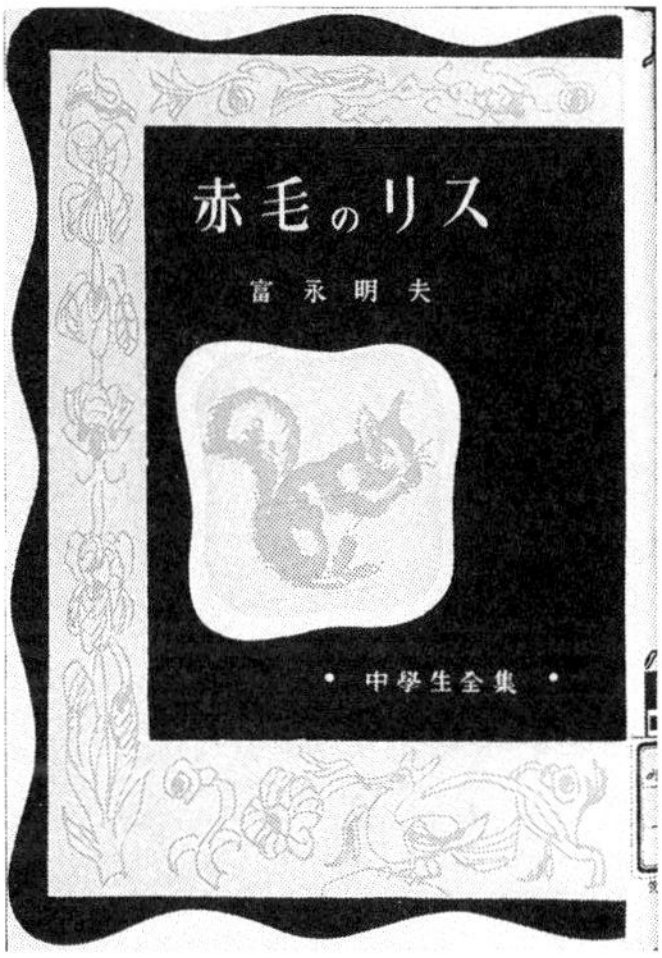

富永明夫『赤毛のリス』

第一回配本は、野上弥生子の『アルプス

の山の乙女』、富永明夫の『赤毛のリス』、吉田甲子太郎の『アンクル・トムの小屋』であった。

この全集は印税ではなく、一冊、買切りの八万円ということにした。

野上弥生子の『アルプスの山の乙女』は、岩波文庫の『アルプスのハイジ』を、臼井吉見がアレンジしたものである。この交渉には古田晁があたった。野上弥生子が、印税でないことにこだわって交渉が難航し、古田晁は、二度も三度も足を運んで、やっと許可をもらった。また、富永明夫の『赤毛のリス』は高藤武馬が、たまたま、日本書籍の教科書の編集に関係していて、この作品に感銘していたので、臼井吉見に読ませたものである。臼井も、「赤毛のリス」を読んで、富永明夫を天才だと思った。このとき製作を担当していた百瀬勝登も、これを読んで、漢文調のかたいところを書き直したりした。臼井吉見は読売新聞の社会部へ行き、若い天才富永明夫の記事を載せてもらった。これは、編集者臼井吉見の宣伝活動というよりは、作品鑑賞家として、純粋に「赤毛のリス」を認めた結果であった。のちに富永明夫は東大助教授になり、筑摩書房版「世界文学全集」のとき、渡辺一夫の推輓で「赤と黒」を訳した。

「中学生全集」は、月三冊乃至四冊を配本した。筑摩書房の「カテイノジジョウ」のためであった。自転車操業のあらわれでもあった。

製作にあたっていた百瀬勝登は、このときの臼井吉見を、「獅子奮迅という感じだった」と語った。臼井の徹夜は、毎日のように続いた。この全集のために、原稿の執筆を依頼するようになったのは、かなり後のことである。岡山猛なども、この編集にあたった。

ベストセラー『二十五時』に救われる

どんな状態のとき、人間は付きを呼ぶものかわからないが、臼井吉見は、うらぶれたと感じながら、そこへ辿り着いていたらしい。「中学生全集」の第一回配本が出た昭和二十五年の同じ七月に、ゲオルギウの『二十五時』が出てベストセラーになった。

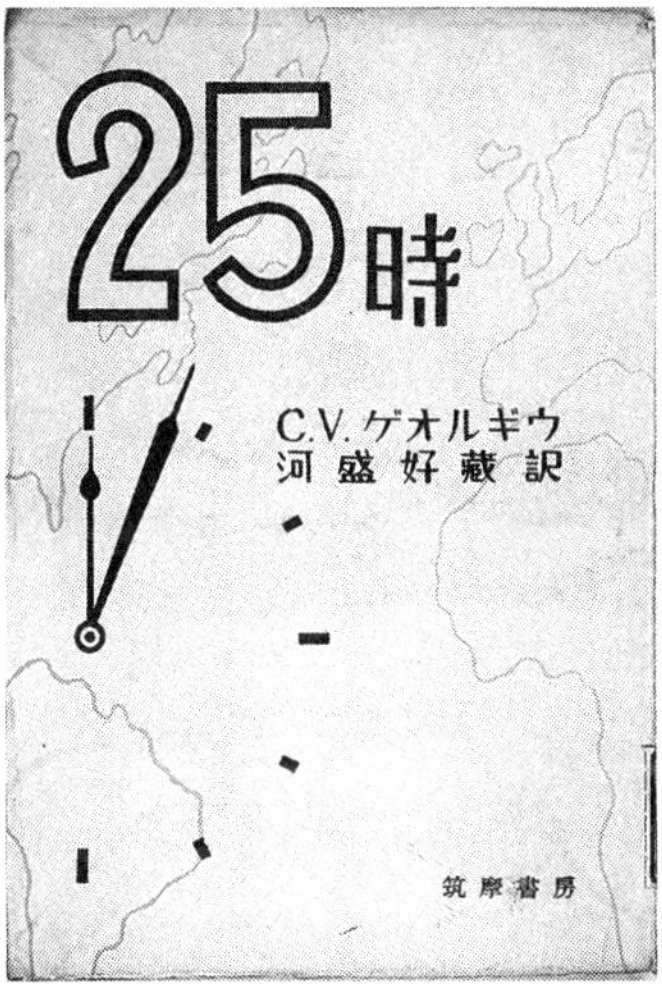

ゲオルギウ『二十五時』

『二十五時』といえば、臼井にこの本の翻訳刊行をすすめてくれたのは、渡辺一夫だった。臼井が本郷三丁目の喫茶店でコーヒーを飲んでいると、渡辺一夫が文藝春秋社の若い社員と連れ立って入って来た。この本を雑誌の『文藝春秋』にどうかと思ったので、話したところ、気がすすまないらしい、といって筑摩に似合わしいとは思わないがと言って、フランス語の小説本を臼井に見せた。内容の大体を聞いて、臼井は即決で、筑摩で出したいから、お願いします、と言った。独断でよくないと思ったが、相談をしている余裕はなかった。このへんで早くベストセラーでも出さなくてはならない事情に迫られていたからだ。そのときの臼井について、渡辺一夫は、「臼井さんはちょっと面白い深刻な表情をしていた」と語っているが、よほど「事情」は切迫していたのであろう。

問題は書名だった。渡辺一夫も、原題の「二十五時」では、なんのことやら分らない、たとえば、「アメリカとソ連にはさまれて」とでもするほかあるまいとの意見だった。社内でも、さまざまの意見が出たが、臼井は原題の「二十五時」を固執して、ゆずらなかった。本が出て、一週間足らず、国電のなかで、「なにしろ、財布の中が二十五時だからナ」といって笑った若いサラリーマンの二人づれのささやきを耳にして、ベストセラーまちがいなしと思った。臼井の予想は的中し、新橋裏に、「二十五時」を名乗るバーが現れる始末だった。『二十五時』は、二十万部売りつくした。しかし、この程度の成績を挙げても、焼け石に水だった。

昭和二十五年から六年にかけて、毎月の出版物は、「中学生全集」に大きくかたより、筑摩書房は少年ものの出版社に変ったかと思われるほどである。この分野だけが無傷だったから、「中学生全集」の仕事がやりやすかったためで、本来の筑摩書房は、中風患者のように、寝たままで、手足も動かない状態になっていた。月給が三カ月も欠配になった。

『展望』の休刊

竹之内静雄と松田寿は、そのころのある日、一人では煙草を買うことができないので、財布をはたいて銭を合せ、やっと、一箱のゴールデン・バットを買い、

「これで二人とも重役なんだぜ」

と、大いに笑い、金策にかけずり廻ったこともある。

「中学生全集」そのものは、黒字であったが、前からの赤字が累積して、どうにも動きがとれなくなっていた。これが、もし、営利だけを追いかける企業だったら、とうの昔にお手上げというところであった。

出版企業が倒産したとき、経理の面からバランスシートを検討すれば、普通の企業ならば、とっくに破産の手続にはいる時期を完全に過ぎているとは、よく、計理士が口にするところだが、これが、日本の出版企業の持つ、宿命的な体質でもあるらしい。殊に筑摩書房の場合は、すぐれた書物を出したいという理想を持った同志の集りなので、経営の面から冷静に判断して、ひとつの事業と考えて推し進める点に欠けていた。

『展望』は、筑摩書房の看板雑誌であったから、赤字などは問題にしないで、無理は承知で

続けてきた。『展望』を支えるだけの出版物が他にあれば問題は変わるのだが、そのような安定感のある刊行物はなかった。

昭和二十六年九月号で『展望』は休刊になった。昭和二十一年一月創刊だから、数えて六十九冊目であった。この『展望』が、敗戦後の日本が思想的にも文化的にも虚脱状態にあったとき、どのような寄与をしたかは、言うまでもないことであろう。

創作欄には、永井荷風の「踊子」、中野重治の、戦後最初の小説「五勺の酒」、新人椎名麟三の「深夜の酒宴」、太宰治の「人間失格」、井伏鱒二の「遥拝隊長」、平林たい子の「かういふ女」、武田泰淳の「異形の者」、大岡昇平の「野火」、宮本百合子の「道標」など、長く文学史に作者の名をとどめる名作が載った。

『展望』の創刊直後、三島由紀夫が持参した「中世」「煙草」などの八篇の小説を、中村光夫の強い反対で掲載しなかったことは、ひろく知れわたった語り草だが、これは多くの持込み原稿に見られる例にすぎない。たちまち、三島由紀夫が風雲を捲き起こしたため、編集者に眼がなかった感じを与えるが、作家と編集者のめぐりあわせは霊妙なものである。

昭和二十一年の夏、椎名麟三は「深夜の酒宴」を書きはじめた。この小説が出来上ったとき、椎名は、ほとんどの文芸雑誌、総合雑誌に眼を通して、どの雑誌が、自分の作品を理解

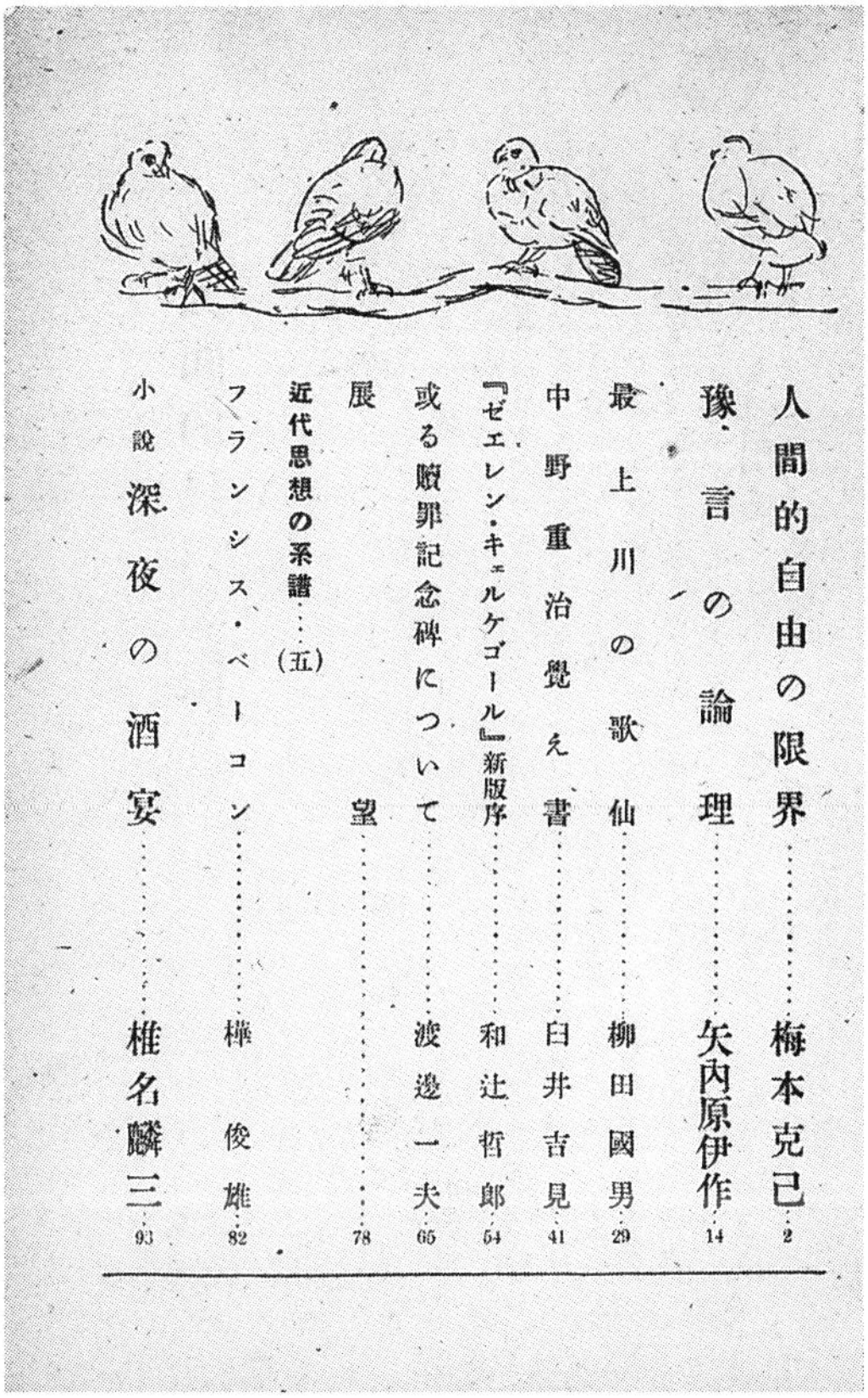

『展望』第14号目次

してくれるだろうかと研究した。その結果、椎名は『展望』に決めた。

残暑のきびしい頃、椎名麟三は「深夜の酒宴」を持って、筑摩書房を尋ねたが、社屋を見つけることができなかった。やむなく、原稿を郵送した。椎名は、生活に追いつめられていたから、毎日のように返事を待ったが、梨のつぶてで、いらいらしていた。

「深夜の酒宴」を書きはじめる前に、「黄昏の回想」や「季節外れの告白」などを書いて、講談社や鎌倉文庫などを持ち歩いたが、無名作家の椎名麟三は、どこからも問題にされなかった。

椎名麟三は、業をにやして、『展望』の臼井吉見に、かなり気負った手紙を書いた。臼井が語るところでは、この手紙には、実存という言葉が多用されていたという。臼井は、この手紙を見て、机の引出しから「深夜の酒宴」を取り出して読んだ。

臼井吉見は、この小説を、これまでの日本文学のどんな作品ともちがっていると思い、『展望』を新人号にして、昭和二十二年二月号に掲載した。

椎名麟三の作品に目もくれなかった鎌倉文庫の『人間』が、昭和二十一年の六月号に、『展望』が断わった「煙草」を載せ、これが三島由紀夫の出世作になった。文学は、ふしぎなめぐりあわせで成り立つ虚業とも思われる。

戦後の雑誌は、『展望』ばかりでなく、みな、既成の、老熟した執筆者に頼った。『展望』

は、もちろん、底深い問題について、学殖ある執筆者の責任感に基いた発言を、評論、随筆の形で掲載したから、老大家と見られる人を重用したが、梅本克己、矢内原伊作、竹内好、宮本治（いいだ・もも）なども、ここを足場に論陣を張った。

『展望』の休刊で、無念やるかたない思いにかられた臼井吉見が、「軍国主義ではダメだ、こんどは文化国家でいこうという当時の空気、つまり、政治やいくさはこりごりだ、あたりさわりのない円満無事な文化主義がいいという安易な乗換え心理と、どこかでつながっていなかったとは言えない」という丸山眞男の『展望』批評を、素直に甘受できるまでには、かなりな感情の起伏はあったのではなかろうか。

本多秋五は『展望』の休刊した原因のひとつに、時事性をうしなって教養雑誌化した点をあげている。これは『展望』が最初にねらった、「雑誌にして単行本を兼ねる」という編集方針に、ふくまれていた問題点であった。第一次の『展望』の役割は、充分はたした結果の休刊と考えてよかろう。

昭和三十九年、『展望』十月復刊号が出た。第二次初代の編集長は岡山猛。第一次の『展望』が休刊したとは、今だから言えることで、昭和二十六年に六十九冊で終ったときは、廃刊というのが実感であった。廃刊は、雑誌にとっては死を意味する。筑摩書房の幹部、殊に編集長の臼井吉見が、重態におちいった愛児にひとしい『展望』を、なんとか、もとどおりの健康体に戻したいと、あらゆる手段を講じたにちがいない。

この間の事情を、〝僕は『展望』に全力を注いでいただけに、出版企画について適切な手をうつことができなくて、「中野重治選集」や「井伏鱒二選集」をはじめ、ことごとく赤字をかさね、筑摩書房そのものが危機に見舞われていたのだから、『展望』の損失を償うことなど思いもよらなかった。といって、『展望』の月々の赤字は、三十七、八万円から、せいぜい四十三、四万どまり、いまから考えれば、信じられないほどの額であった。これは原稿料に相当する数字であった。そんなわけで、編集部内で、雑誌をつづける気力がなく、僕に対する不信が高まった。もはや、刀折れ、矢尽きた感じだった〟と、臼井吉見は書いている。雑誌は休刊となったが、原稿料の未払分は、かなりの金額にのぼっていた。

『言語生活』の創刊

『展望』の休刊と同じ月の十月創刊で、月刊雑誌『言語生活』が出た。また、九月十日発行の「小学生全集」の第一回配本、大西寛の『詩集家族』外三冊が刊行された。「中学生全集」は、まだ続刊中であった。

『言語生活』は国立国語研究所の責任編集であった。当時、所長が長野県出身の西尾実で、また、筑摩書房と関係の深い柳田國男が国語研究所の評議員であったことも『言語生活』の創刊に幸いしたようである。筑摩書房と国語研究所を結びつけるために、高藤武馬も、ひと役買った。『展望』がだめになったころ、そのかわりに、なにか雑誌を、ひとつ持ちたいと思った。その頃の筑摩書房の経済的実力からすれば、原稿料が安く、また、専門雑誌なら、薄いものでも済むから製作費もそれほどかからないという見地から、『言語生活』の創刊になったらしい。筑摩書房では、高藤武馬を編集責任者に据える肚であった。ところが、国語研究所では、臼井吉見が編集に参加することという条件を出した。

国語研究所は、国語教育と言語研究の二部に分れていて、言語研究の部長は、岩淵悦太郎であった。『言語生活』が、創刊当初から言語研究の啓蒙雑誌という性格を持っていたのは、臼井吉見が兜をぬぐほどのすぐれた編集感覚を、岩淵悦太郎が身につけていたからである。啓蒙雑誌をやるには学者はだめだという見地から、臼井吉見を名指しで引き出したのは、あるいは岩淵かもしれない。

柳田國男は、国語教育を入れないで成り立つだろうか、一年と続くまいと、臼井吉見に言ったりしたが、杞憂にすぎなかった。

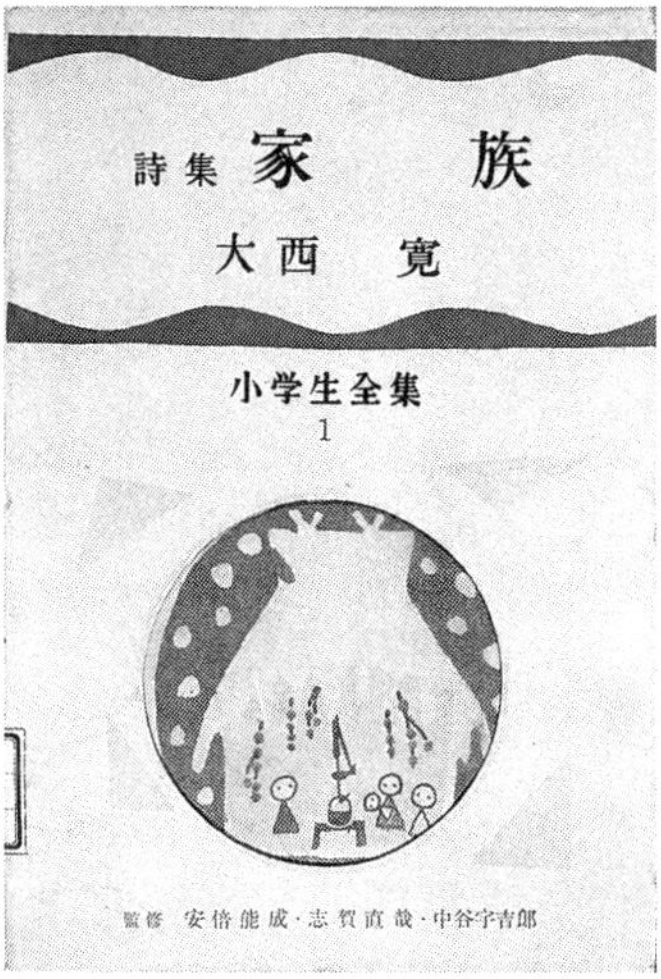

大西寛『詩集家族』

中学校用国語教科書

柳田國男の指摘は、国語教育は、現場の教師に役立つから、読者層も固定するという意味である。

筑摩書房としては、国語研究所と結びついて、国語辞典や、教科書などを、将来は出したいとも考えていた。

出版社を、ゆるぎない状態に据えるためには、雑誌か全集か辞典、または教科書で成績を挙げることだということが常識になっている。この頃、筑摩書房の幹部は、高い授業料を払いながら、自然に、手さぐりで、出版界に生き抜く知恵を身につけつつあった。

昭和三十二年度から『中学国語』、三十四年度から『高校国語』を手がけたのも、この頃の考えを試みたということになろうか。

「小学生全集」の第一巻になった『詩集家族』の大西寛は、のちに早稲田大学の露文科を出て、筑摩書房の入社試験を受けた。この詩集を出したとき、大西寛は、香川県の観音寺の小学生であった。臼井吉見が、偶然、この詩集を読んで感動し、「小学生全集」の第一巻におさめた。入社試験を受けたとき、大西寛を『詩集家族』の作者とは誰ひとり気づかなかったが、最後の二十人ぐらいに残り、はじめて、わかった。大西寛は、実力で入社し、現在は「世界文学全集」の編集にあたっている。もっとも困難な時期にはじめた「小学生全集」で、臼井吉見から少年詩人として認められた大西寛が、がっちりと根をおろして筑摩書房の編集部で働くようになったということは、そのまま、小さな歴史といえるかもしれない。

『ニッポン日記』で危機を脱出

「小学生全集」をはじめたが、依然として、火の車であった。

『展望』が休刊になってまもない十一月、マーク・ゲインの『ニッポン日記』が出た。これがベストセラーになって、筑摩書房は、どうにか、一時の危機を脱することができた。

『ニッポン日記』は、上下二冊で、上巻は、昭和二十六年十一月五日、下巻は、この月の三十日発行。この運は、向うのほうからやって来た。そうは言っても、森田達と土井一正の人間関係がなかったら、この出版は文藝春秋のものになっていたかもしれない。ふたりは、金沢の四高で同級生であった。

森田達は、井上靖の実弟だが、静岡県沼津の素封家の養子になっていた。作家志望で、『文學界』に二度ほど創作を発表したこともあったが、中途でやめてしまった。土井一正は

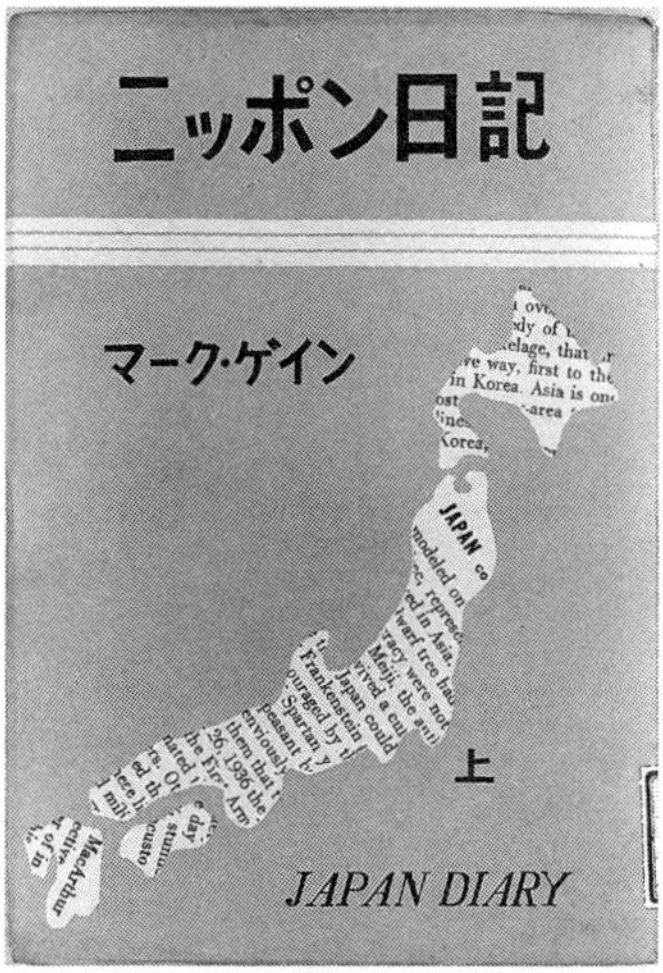

ゲイン『ニッポン日記』

森田達の才能を認めていたので、会えば、「なにか、書けよ」と、すすめていた。ふたりのあいだに出版界の話が出たりした。

森田達は、一時、同盟通信にも勤めていた。このときの先輩に井本威夫がいた。井本は慶應出身で、英語が堪能なジャーナリストであったが、酒の上の失敗から都落ちして沼津にいた。アル中の井本は、同じ土地に住む森田達のところへ来ては酒をねだっていた。

その頃、沼津に来ていたデンマークの女宣教師が日本語を習いたいというので、井本威夫が教師に雇われることになった。面会に行った井本が、その女宣教師の応接間で待たされているうちに、書棚に並んでいる本の中から『ジャパン・ダイアリー』を見つけた。井本が、何気なく手に取って見ているうちに、ピーンと来るものがあったので、『ジャパン・ダイアリー』を借りて帰った。読んでゆくと、当時の日本人の知らないことが、たくさん書かれていた。井本威夫はジャーナリストの立場から、この『ジャパン・ダイアリー』を翻訳して、みなに読ませたいという気がしきりにしてきた。井本は生活にも困っていた。

森田達に、どこか出版社を知らないかと井本が相談した。土井一正が森田に会ったとき、この話が出た。

「どこか、この本を出版するところがないだろうか。君のところで、どうだ」

と、森田が言い、『ジャパン・ダイアリー』の荒筋を書いたものは、兄のところに置いてあると土井に告げて沼津へ帰った。森田達の兄井上靖は、土井一正の四高と京大での先輩だから、親しく付合っていた。

土井一正は、すぐに、その頃、大井に住んでいた井上靖を訪ねて、井本威夫が書いた『ジャパン・ダイアリー』の梗概を借りて帰った。それには、井本が訳した内容の一部分も見本についていた。

井上靖は、まだ小説家になりたての頃で、書くことに没頭していたから、他人の世話どころではなかった。

土井一正が井上靖のところから帰った数時間後に、森田達の連絡で、文藝春秋の編集者が梗概を取りに来たが、あとの祭であった。

土井は、臼井吉見に『ジャパン・ダイアリー』の梗概を見せた。臼井吉見の視野が社会的な動向へ移りつつあった頃であった。読んだ臼井は、「これはおもしろい。うちから出そう」と土井に言った。

土井一正は、沼津に行って、森田達に会い、

「うちから出すことにした、井本という人の訳で」

と、言った。

「そりゃ、井本氏は喜ぶだろう」

森田は、井本威夫が宣教師に附いて、避暑先の御殿場にいると言った。土井一正は、そこへ追いかけて行った。子供のいない井本威夫は、妻とふたりで、宣教師の家の一室を借り、新約聖書の現代語訳を手伝っていた。

土井一正は、井本威夫に会って、『ジャパン・ダイアリー』の翻訳を頼んだ。

『ジャパン・ダイアリー』の題名の「日本日記」の日本を、片仮名の「ニッポン」にしたのも、また、訳文に小見出しをつけることにしたのも、臼井吉見であった。土井一正は、井本威夫の訳した原稿に、二度、目を通し、小見出しも付けた。土井は、『ニッポン日記』が、売れるかどうかわからないので、内心不安であった。

マーク・ゲインの『ジャパン・ダイアリー』には、敗戦後の日本憲法は、占領軍から押しつけられたもので、日本政府の意志ではなかったというような、占領軍の内幕をあばいたものが、ぎっしり、つまっていた。もし、これを出版したら、占領政策違反で、ひどい目にあうかもしれないという危険もあった。

『ニッポン日記』を出すか、やめるかということで、社内で意見の対立もあったようである。この出版に踏み切ったのは、ありていにいえば、あすにも、つぶれる状態に、筑摩書房が立たされていたからであった。

マーク・ゲインの代理が日本にいた。その手を通じて出版の許可を取り、印税の支払方法などを決めた。原稿を組み上げて、ＧＨＱのＣＩＥに届けたが、許可が下りないまま、校了になった。初版は三万部ずつであった。手形が不渡りになりそうな状態なので、目をつぶって配本した。『朝日新聞』に広告を出した途端に、ＧＨＱから呼出しが来た。

土井一正は、『ニッポン日記』の仕事を終えると、急に疲れが出て、会社を休み、家で静養していた。そこへ電報で、至急出社するように言ってきた。土井が駆けつけたとき、竹之内静雄は編集の責任者としてＣＩＥに行っていた。

竹之内静雄は、

「これを出すについて、ＣＩＥのライセンスを取らなければいけないということを知っているか」

と、ＣＩＥの係の人から詰問された。

「知っています」

「ライセンスは取ったか」

「所定の手続は二カ月前に済んでいますが、ライセンスはまだです」

「なぜ、出したか」

「原著者マーク・ゲインの許可を得ましたから。正式の契約書があります」

竹之内は、幾度も呼びつけられたが、そのたびに、

「もともと言論の自由は占領軍の建前。ライセンスを取らなければいけないという理由は、原著者へ印税を間違いなく支払うかどうかを、確認するための手続だと思います。そこで、私は原著者から承諾を取り、印税は間違いなく支払います。それでいいと思ったから出しました」

と、主張した。『ジャパン・ダイアリー』は、禁書で、当時は輸入できない本であったが、言論の自由を高く掲げる占領軍の立場としては、ビジネスの面で突くよりほかに方途はなかった。

竹之内静雄の言いのがれが成功したのは、言論の自由で押し通したためであった。占領軍にとっては、これが泣きどころであった。

竹之内は、そのとき、あるいは路上でさらわれ消されるかもしれないと思ったり、沖縄送りになって苦役に使われるかもしれないと考えたりした。占領下ではあり得ないことではなかった。

相手が、もし、新聞広告をしてはならぬとか、『ニッポン日記』を売るなと言ったら、それを文書にして、責任者のサインを求めるつもりであった。結局、この問題は、占領軍の幾度となくくり返すいやがらせと、それに対するこちら側の、のらりくらり戦術だけで終った。『ニッポン日記』は各方面から、空前と言ってもいいほどの反響があった。緒方竹虎から肉筆で巻紙に書いた感想文が寄せられ、そのなかに、「この日本の憲法が、かかる事情のもとにつくられたとは寝耳に水の驚きだ」と書かれてあった。この部分を、『ニッポン日記』の帯に使わせてもらった。

また、この本を読んだ中野好夫は、「これはそのうち憲法改正の材料に使われるようになるぞ」と言った。

『ニッポン日記』は、思ってもみなかったほどの売行きを示し、上巻が十六万、下巻が十四万、上下あわせて三十万部に達した。このあたりが限界ではないかと思われ様子を見るつもりであったのが、当時は、まだ、用紙が潤沢でなかったこともあり、紙がはいったとたん、ブレーキが作用せず、さらに上下三万部ずつ、合わせて六万部増刷した。これは、もしかするとあぶないと思った竹之内静雄は、マーク・ゲインの代理人ジョセフ・フロムに会い、三十万部までは製作部数の印税、あとの六万部については売れ高払いにする了解を取ってきた。これは文書ではなく、口約であったが、のちになって、ものを言った。残本の検印紙をはがして、すべて原著者に返し、六万部前後の分は印税を払わずにすませることができた。

せっかく『ニッポン日記』でベストセラーを出したが、刷り過ぎて大きな赤字を出したという噂は、話としては面白いから言いはやされたが、実際と違っている。『ニッポン日記』は輪転機刷をも使い、大量生産をしたから生産コストが約三十八パーセントぐらい、そのうち、十三パーセント程度が印税関係であった。この印税関係を無しにすることができたから、増刷分の赤字は、それほどでなく、全体としてはかなり大きい黒字であった。広告も五段四分の一を中央三紙に三回使った程度であった。

川端康成の『千羽鶴』、瀕死の筑摩救う

筑摩書房は、『ニッポン日記』を架け橋にして、どうやら、昭和二十七年へ渡ることができた。

昭和二十七年の筑摩書房を救った重要な本の一つは、川端康成の『千羽鶴』であった。「千羽鶴」の外に「山の音」の大部分がおさめられていた。

中村光夫の尽力で、「千羽鶴」が貰えたとき、社は絶望状態に近かった。どうせ、つぶれるなら、『千羽鶴』で終りを立派にしたいという古田晁の気持でもあった。『千羽鶴』は、作者の希望で、装幀は小林古径ということになった。

古田晁の妻が結婚した頃、晁の父から記念に贈られたダイヤモンドがあった。これを売り払って、社員の給料にあてたのは四年前であった。その頃、まだ、日本で出来なかった電気冷蔵庫も売った。絨緞も手放した。あれも、これも売って、古田晁の家には、なにもなくなっていた。社員は、まる五年のあいだ、昇給もボーナスもなかった。月給の分割払が次第に遅れ、三カ月あまり遅配したまま、復配の見込みも立たなかった。当時の支払利息は、人件費とほぼ同額に達していた。

社の状態の分っている担当者は、一面識もない小林古径に手紙を書いて、社の経営状態もありのままぶちまけ、正当な謝礼のできないことを事前に詫び、それでもこの本を中身にふさわしい本に仕上げたいため装幀をお願いできないでしょうかという形で頼んだ。数日後、電話で都合をたずねると、古径は、すぐに会い、快く引き受けてくれた。用紙、印刷、製本と、すべて入念な配慮のもとに、番号入りの限定版で『千羽鶴』が出来上ったのは、昭和二十七年の二月であった。『千羽鶴』は、敗戦後の豪華版の走りといわれるような出来栄えになったが、これは古田晁の「終りを立派にしなければ」という思いが、この一冊に結晶したためである。

函貼りがよごれないように縦に包んだ紙に、中村光夫の書いた〝川端氏の《千羽鶴》は数年前から連作として所々に発表されたもので《山の音》とならんで氏の作品の系列のうちだけでなく戦後のわが国の小説のひとつの極点を形造るものと言えましょう〟が印刷された。この豪華本で、二つの作品を読んだ人たちは、深い感銘をうけ、世評もたかまった。翌三月に出た普及版は二十万を越えるベストセラーになった。

また、九月からはじめた「現代日本名作選」にも『千羽鶴・山の音』が、逸早く収められた。

どうせ、社がつぶれるなら、と『千羽鶴』に豪華な死装束をまとわせた古田晁の志をあわれんで、鶴が千年の齢を貸し与えたのであろうか。とにかく、普及版の『千羽鶴』が瀕死の筑摩書房を甦らせた。

この年の十月から、高川格の監修で「現代囲碁講座」（全六巻）がはじまった。なんでもいいから、少しでも金繰りの足しになればという思いと、久しく類書のよいものが出ていないから、相当の成績をおさめるだろうとの考えからであった。

当時は、まだ、碁の本は、みな活版組で、縦横の罫が少しずつ食いちがい、版面は、あまり垢抜けしていなかった。きれいに仕上げるには、印刷した碁罫紙に、別に印刷した黒と白の丸を鋏で切り抜いて貼り込み、それを写真凸版か、平版にして印刷するしかなかった。解説文は写植で打ってオフセット印刷にし、すっきりした成果をあげることができたけれども、最初の白黒の丸を切り抜いて貼り込む原稿作りは気のつまる仕事であった。アルバイトに出す費用もないので、この編集製作を担当した百瀬勝登は、古田社長夫人や幹部夫人を口説き落し、家内作業で仕上げた。満足に給料も貰えず、家計のやりくりに頭の痛い夫人たちは、半年にわたるこの面倒な手仕事を、いやな顔もみせずに奉仕した。

当時七段の高川格を監修者に推奨したのは速水敬二であった。「現代囲碁講座」が刊行されるとき、一般の予想を裏切って高川七段が本因坊になった。これは、この講座の売行きにも好影響をあたえた。「毒舌の速水」と言われた人に先見の明があった一例であろう。

和田芳恵編による「一葉全集」

この十月の末、編集長の土井一正が、「樋口一葉全集」の編集を依頼するため和田芳恵を訪ねた。主宰していた『日本小説』が経営不振に陥り、三百万円余りの負債が出来た和田は、昭和二十四年の晩秋から高利貸の眼を逃れて、都内に逼塞したままであった。

この年の六月、隠れ家の一室から麻布森元町へ移り、文筆活動をはじめようとしていた。和田が発表した小説が、たまたま、二十七年度上半期の直木賞の候補作品になり、自分の略歴を文藝春秋新社へ提出していた。

決定版の「一葉全集」を出すことに決まり、土井一正が電話で和田の住所を文藝春秋にたずねると、

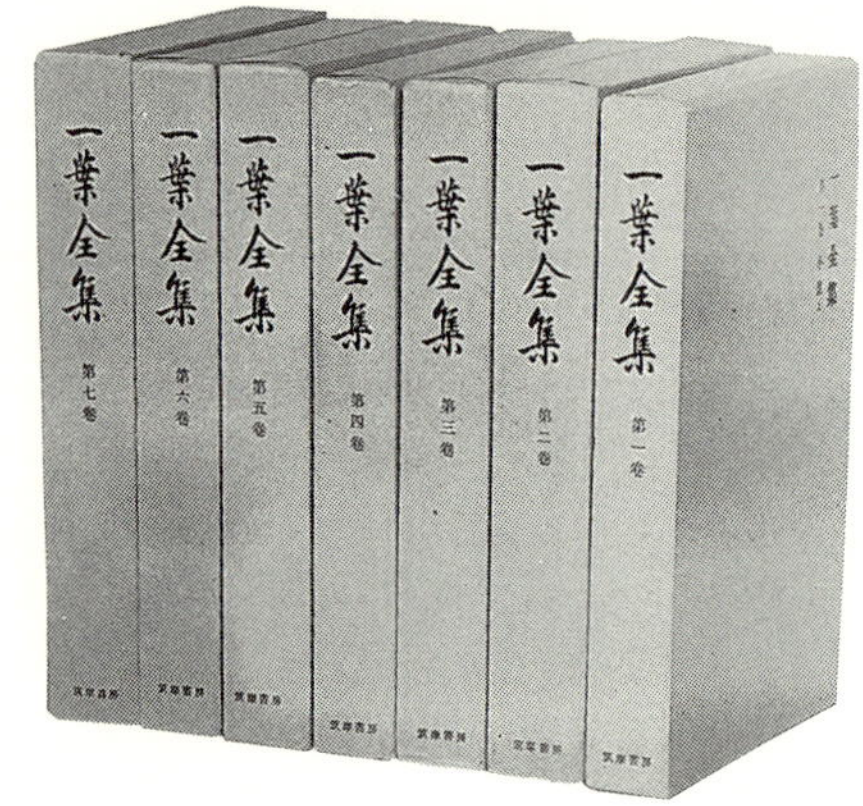

「一葉全集」全7巻

「かなりなお婆ちゃんらしいですよ」

と、係の人が言ったそうである。明治三十九年生れで、女のような名の和田を、「お婆ちゃん」と思ったのも当然であった。

この借家は一戸建だが、取りこわした家屋の部分を組み立てたもので、小さな玄関の板敷と、次の六畳間などに高低があり、窓硝子がないところは板切れが打ちつけられていた。トタン屋根は腐り、雨が降れば、室内便所なのに傘をさして用をたすような有様であった。家主が土建屋なので、庭には廃材が山積みになっていた。

土井編集長は、塩田良平といっしょに「一葉全集」の定本を編集してほしいと和田に言った。全六巻で、月一冊ずつ刊行の予定、編集実務にあたる和田に対する半年間の手当は月額二万円ということであった。

この交渉がすんで土井編集長が帰るとき、和田は土井のうしろからオーバーを着せかけたが、裏地が破れていたため、腕が途中で通らなくなり、もう一度やり直さなければならなかった。形ばかりの玄関にしゃがんで穿いた土井の靴は、靴墨も塗らず、ひどく疲れていた。

和田芳恵は、このときの土井編集長に、深い親近感をおぼえた。

暮の十二月十日に、第一回の編集手当が渡された。この日は雨であった。夜になって買物に出た和田の妻は、自動車に足をひかれた仔犬を拾ってきた。この仔犬が、なにか幸運をしょって来たように思われ、ここに越して来て、はじめての仕事をくれた筑摩書房にちなんで「チクマ」と命名した。

和田は戦争中に出た新世社版「樋口一葉全集」にも関係したが、こんどの「一葉全集」は本文校訂に力を入れたため、予想外の日時がかかり、第一回の配本は、翌年の八月になった。最初の計画の六巻の外に「補遺、研究・資料」篇が一冊加わり全七巻になったが、完了するまでに足かけ五年かかった。

「社長が実印を持って出かけているので、今日は小切手が切れない」

と、赤田弥吉が、苦しい言いのがれもした。和田は、恰幅がよい赤田を、はじめのうちは、社長の古田晁と思い込んでいた。編集費の支払日は前月十日と決められていたが、とかく遅れがちであった。こんなとき、飼犬の「チクマ」が、筑摩書房の身代りにされて、いじめられるというデマが、まことしやかに飛んだりもしたが、動物愛護の精神にそむくそんな行為は絶対にしなかったという和田の証言は、信じてもよさそうである。

古田晁は、その頃、唐木順三といっしょに酒を呑みながら、「終りを立派にしなければ」が口癖になっていた。筑摩書房は、もう、だめだと、古田は内心覚悟していた。

あとになって、土井一正から、「一葉全集」も、古田の考えでは、筑摩書房の終りを飾るつもりの出版であったと和田は聞かされた。

「一葉全集」は、学者のあいだで、かなりな評価を得たが、営業的には、あまり成績を挙げることができなかった。

「藤村全集」への思い

「一葉全集」といえば、のちに岩波書店から出た勝本清一郎編集の「透谷全集」が一時、筑摩書房から出そうになったことがある。

古田晁が筑摩書房をはじめたときから、島崎藤村の全集を出したいという強い念願があった。同じ信州が生んだ藤村の全集を、筑摩書房が出す義務があると古田は思い込んでいた。戦時下の統合で、「藤村全集」の用紙を確保するために、余分な出版社を買収したほどである。

藤村から織田正信を通じて、「透谷全集」を出さないかという話が筑摩書房に持ち込まれた。藤村が話して、岩波書店から出る運びになっていたが、戦時下の用紙事情などのため、延びのびになっていたからである。

古田は即座に、「透谷全集」を出すことにした。結局、岩波書店が「透谷全集」を、約束通り出版するということになって、この話は立消えになった。

この顚末を、藤村が古田晁に次の便りで報告した。


拝呈　過日は和辻君の「ニイチェ研究」及び「棉花図」御贈り下され正に拝受、好い書籍をお出しになることを思ひ感心致しました。殊に「棉花図」はめづらしく、支那人の日常生活も眼に浮び、何がなしに自分が過去の小諸に於ける七年の田園生活のことも思ひ出されました。長く吾書架に愛蔵し心を慰むることにいたしませう。

さて、お手紙も拝見しました。「透谷全集」のことでは先頃勝本織田両君に御来訪を乞ひ、いろ〳〵御相談の結果、小生より岩波書店へ交渉することにしてお別れしました。丁度、家内も上京の序がありましたから岩波書店の人に面会させましたところ、先方も丁重な挨拶であの全集出版の希望を決して捨てずにあるとの返事でありました。

こんな訳で、小生としてはまことに面目なき次第ですが、貴店より御出版の件は一ト先づ見合せて頂かねばなりません。実は最初岩波よりその相談がありましてから最早かなりの月日がたつものですから、小生もうつかりして一図に同書店ではあの全集出版の希望も捨てゝゐることかと思ひ込み、旧き約束も忘れ去るほどに織田君よりの今回のお話に接したのは全く小生の手落ちでした。これも老耄の身の致すところと幾重にもお詫び申上ます。

右のやうな次第で、貴店へはいろ〳〵御迷惑をかけ、準備を進むる御話まであるところへ、こんな手紙を差上げては定めし御立腹あることゝ存じます。勝本織田両君へも何とお詫びをしてよいやら小生としては四方八方へお辞儀をしても足りないやうなことになりました。是と申すも透谷は自分が愛する旧友であり、その遺稿保存のことにも、いさゝか今日迄心を尽し来つた関係からで、何卒その点を御推察下され、今回のことは幾重にも御許し下さるやう願ひ上げます。

猶、家内も今日用事ありて一寸上京しますから、勝本織田両君へは東京留守宅より電話にて岩波との交渉の結果を通告致させることにしましたから、左様お含み置き下さるやう、今日は取りあへずこの書きにくい手紙を差上げます。

二月十五日

島崎春樹

古田晁様

この便りは昭和十八年、藤村が七十二歳のときに書かれたものである。

上京中の静子夫人にあてた二月十七日付の藤村の便りのなかに、「透谷全集のことでは筑摩書房へあて長い〳〵手紙を書いた。昨日同書店の主人来訪、なか〳〵感じの好い人でよくこちらの心持もわかり岩波との交渉もよく話がつき一切解決した。どこで全集を出しても好い本が出来さへすればいゝとまで先方では言つて呉れた。午後に勝本君も来訪あり万事これで話がついた。織田さんは手を引かれることにならう。全集準備のことも勝本君快諾せり」と見えている。古田晁は、この「透谷全集」で島崎藤村に近づき、好意を持たれるようになったが、この年の八月二十二日に藤村は他界した。

「藤村全集」全17巻・別巻1

藤村没後の昭和二十三年八月から、「島崎藤村全集」全十九巻が新潮社から出たが、古田晁は、初志を忘れず、ついに昭和三十一年四月から、制限漢字で現代かなづかいによる小型全書版の「島崎藤村全集」全三十一巻を出した。島崎楠雄、蓊助が、新潮社の全集も終わり、また、その作品のほとんどが新潮文庫にはいったのちなので、古田の熱意に答えたものである。これは藤村文学の普及を目指した企画であったが、はっきり言って、その売行きは思わしくなかった。筑摩書房は、この普及版を棄て石にして、未発表原稿や「夜明け前」のために用意された「大黒屋日記抄」などを加えて、もっとも完璧な内容にした「藤村全集」を、昭和四十一年九月から刊行して、現在では、別巻一巻を残し本巻はすべて完結している。

「井伏鱒二選集」「中野重治選集」も、当時は、社業不振のため中絶したが、のちに「全集」として新たに完成した。筑摩書房には、惚れたら最後、とことんまでやりぬくという社風がある。「一葉全集」は筑摩書房が手がけた、日本の作家で最初の本格的な個人全集であった。

高利貸からの借金と古田の酒

ここ数年、年に一度は、かならずベストセラーを出し、また、毎月、十点ぐらいの出版物を出しながら、交通費やアルバイトの支払にも事欠くとは、考えようもないことだが、これは筑摩書房が高い金利のついた資金で運営されていたためである。

古田晁が、付けで呑むようになったのは、本郷台町時代からであった。これは飲屋やバーに慣れて、顔がきくようになったせいであるが、手持ち資金が底をついたことをも意味していた。

当時、出版業は銀行で丙種にランクされていた。融資などは思いもよらず、製品を取次店におさめて受け取った手形も、大部分は闇金融業者から割引いてもらうより仕方なかった。働くことは返品をふやすことであり、そのうえ、貰った手形は高利貸に吸い取られるというのが、当時の多くの出版社の実情であった。そのあげく、また高利貸から借金するというような苦境に落ち込んだりした。筑摩書房も、このような滅びの道を歩んでいた。

最初、Kという闇金融業者から五十万円借りた。日歩二十二銭であった。これが、またたく間に三百五十万円にふくれあがってしまった。

古田晁は、振り出した手形を落すために狂奔した。経理を担当していた竹之内静雄、業務を受け持っていた赤田弥吉や松田寿などが、手を尽して、手形をやっと落していた。

その頃、約束手形が時間切れにならないように、古田晁は、神田のJ書店の二階を借りて、そこで陣頭指揮をとったりした。やっと手形を落して、ほっとする間もなく、次から次と手形の波が押し寄せて来る。それは暗い夜の海辺に、ひとりたたずんで、沖から寄せてくる白い波がしらを眺めている感じに似ていた。古田晁は、酒にまぎらせて、金策の苦しみを忘れようとした。障子の桟で区切られた障子紙の一枚一枚が、その頃、みな手形のように見えたとは、古田の直話である。

責任者の立場にある古田晁は、経営不振のときこそ弱味を見せてはならないと思った。浴びるように酒を呑んだ。古田は本来、付合い酒で、心からうまいと思ったことはなかった。酒は強いが、決して好きではなかった。

竹之内静雄が、古田のからだを心配して、いさめたら、

「あいつは、景気がよくなったから大酒を呑むと言われないためにも、今のうちから呑んでおくんだ」

と、古田は妙な理窟をこねたりした。

借金が重荷になってからの古田の酒は、大荒れに荒れた。なにか、酒の上で失敗しそうな不安もあって、古田は気ごころの知れ合った唐木順三などを誘った。隠士風な唐木と呑んでいると、ふしぎに古田の心はなごんだ。

筑摩書房から歩いて数分のところにフランス屋という飲屋があった。古田晁は、ここを根城にしていた。東大関係の学者たちも常連であった。最初のうちは、筑摩書房の連中も呑みに行ったが、ここは高くつくので、河岸をかえて、焼酎や、うめ割りなどで憂さを晴らしていた。

古田晁のフランス屋での呑みっぷりは、派手に見えた。

「あれほど呑む金があったら、少しは原稿料にまわしたら、どうだい」

臼井吉見が執筆者から嫌味を言われたりした。未払の原稿料がたまって、そのままであった。どうせ呑むなら、なにも社の鼻っ先で呑まずに、遠いところでやればいいと、臼井も古田に対して、内心おだやかではなかった。

火の車

筑摩書房の内実は火の車であった。不渡りを一枚でも出したら、社はつぶれてしまう。毎日が、あぶない綱渡りの連続であった。古田晁は、苦労知らずの馬鹿殿様をよそおってはいたが、死の苦しみであった。

日配（日本出版配給会社）の倉庫に現品の納入が一日遅れたため、あやうく、不渡りを出しそうになったことがあった。その頃、日配は本社と倉庫が離れていた。本社に支払を取りに行くと、倉庫に電話をかけて、入荷をたしかめてから、はじめて手形を切った。一日のちがいに、社の生き死にがかかっていたから、古田晁が交渉に行き、書店関係の仕入計算をやっていた後藤八郎に会った。古田の衷情をくんで、後藤は納品なしで、手形を切ってくれた。長いあいだに、これが、ただ一度の厚意であったが、生涯、後藤八郎の名を忘れないだろうと古田は言った。

竹之内静雄にも、また、次のような思い出がある。

手形を落す期日の午前九時までに来たら、金を貸すとKが言った。竹之内は、先方の指定した時刻の九時にあわせて、Kのところへ行った。二階へあがって、Kに取次いできた店員は、

「ちょっとお待ちください」

と、言った。

竹之内は、突っ立ったまま、待っていた。何回となく取次いでもらい、さんざん待たされたあげく、店員が二階からもたらしたKの返事は、「今日は出来ません」ということであった。正午に五分前であった。この日、金を振り込まなければ不渡りになる昼頃になって、Kから突き放された竹之内は、途方にくれた。社へ戻って、古田に話しても、「困ったな」という返事が返ってくるだけだろう、どこへ行こうかと竹之内は、神田の駿河台下に立って、思いわずらった。竹之内の考えで、そこから、どこへ行く道も通じていたが、金の出そうな道は一本もなかった。路頭に迷うとは、このことをいうのだろうかと竹之内は、ふと、思ったりした。

竹之内は、どうにかその日の危機を乗り越えたが、どういう手段で打開したか、今は思い出すことができないと語った。死物狂いで、ただ、手形を落すことに夢中だったからであろ

う。

闇金融業者のKと手を切るとき、Mの世話になった。Mの場合は日歩十三銭三厘であったが、Mが、Kの借金を返却するために用立てた分については、Kと同じ日歩二十二銭であったという。それ以後の、Mから直接借りた分についてはは十三銭三厘であったとは、竹之内静雄の直話である。

竹之内がKと縁を切ろうとした動機は、必ずしも日歩が高くついたためだけではなかった。Kが融通すると言いながら、その場になって約束を一方的に破ったからである。

古田とMが知り合ったのは、小山書店の小山久二郎の紹介であった。昭和二十二年のことであった。小山書店は証券用紙を使って立派な本を作っていた。永井荷風の『来訪者』を出版することになった古田晁は、この証券用紙を手に入れたいと思い、小山久二郎に買入れ先をたずね、その仲介で証券用紙をあつかっていたMを知った。Mは新橋の三井銀行支店の二階に事務所を持っていた。事務所といっても、一室を構えたものではなく、机と椅子を置いただけで、二階の手摺から、行員が働いている有様を見下ろすことができた。

古田晁は、この事務所を訪ねて、

「こんど永井荷風先生のものをやりたいんだが、なにか適当な紙はないだろうか」

と、Mに頼み、証券用紙を手に入れることができた。

Mは明治三十六年生れで、古田よりは三つ年上であった。はじめて古田に会ったMの印象は、大家の若旦那が道楽に出版をやっているという感じであったという。

Mの記憶では、竹之内静雄が、古田晁の意を受けて、最初の金を借りに来たのは、昭和二十六年頃であったらしい。「ブックスの会」で、Mは竹之内を知っていた。最初の融資金は五十万円であった。

Mが筑摩書房に用立てた金が最高に達したときの額は七千万円を越えて、七千五百万円ぐらいになっていた。昭和二十七年頃のことである。

不動産のような確実な見返りがないのに、信用だけで、筑摩書房へ七千万円を越える融通をしたのは、無鉄砲なことであったとMは当時を回想しながらも、「成功したら、大家の息子さんらしい古田さんのことだから、返してくれるにちがいない」と考えたそうである。金融業者というものは、立派な人なら、かならず返してくれるとは決して思わないと、Mは語っているから、古田晁に賭けてみたのであろう。

太っ肚のMは、一時、すってんてんになっても、長いあいだには、きっと回復できるという自信もあった。

Mからの底抜けの金融がなかったら、今日の筑摩書房はなかったと、古田はしみじみ語ったが、たしかに好い相手にめぐり合ったと言わなければならない。

唐木順三の「古田は本は読まないし、女を読むことも下手だが、男を読む眼はたしかだ」という古田晁に対する評言は、当っていると思われる。

〝日本文化のため〟

滝井孝作、井伏鱒二、尾崎一雄、太宰治らが出していた『素直』の、昭和二十三年のある号に、匿名だから誰が書いたものかわからないが「古田晁」という短い文章が載った。『素直』には「風貌姿勢」という欄があり、その中のひとつである。古田晁をよく知った人の筆に成るものであろう。次にその要点をかかげておく。

古田晁が、一風変つた魅力で、戦後の出版界に頭角を現はした理由の根本は、彼が出版といふ仕事の文化的意味を馬鹿正直なほど本気に信じてゐることである。出版屋の主人などは口先では殊勝なことを云つても、腹のなかは吝臭い算盤一点ばりの、商人の風上にもおけないやうなのが大部分であるが、そのなかで彼だけは心から「日本文化のため」を念じて出版をやつてゐる。筑摩からときどき玄人の呆れるやうな妙な売れない本が出るのは、いはばその証拠であるが、この点、彼のやうな古風で愚直な男が現代に生きてゐるとは、実物を見なければ誰も納得できないかも知れぬ。

だから彼のやることは出版の常識から見れば一々桁はづれである。戦争中、情報局の白い眼をかまはずに、「ヴァレリイ全集」などをやつたのもさうなら、敗戦の直後、臼井吉見のやうな全くズブの素人にまかせて、『展望』のやうな型やぶりの雑誌を出したのも、また近くは太宰治を派手に缶詰にして、「人間失格」を書かせたのも、（生前に太宰の本がどれだけ売れたかは本屋はみな知つてゐる。）みなこの古風な信念居士の商売気をはなれた創案であつたが、かうした採算を無視した冒険が、これまでのところではみな経済的にも充分成功して来たのだから、彼も見方によつてはなかなかの幸運児であらう。

しかしこの幸運は単なる偶然ではなく、少なくもその賽の目に、彼は一杯に元を張つてゐる。

もともと彼は信州の素封家のひとり息子で百万や二百万の金には今でも困ることはないのだが、さういふ金持臭を彼くらゐ完全に消してゐる男はない。親ゆづりの金持にありがちな（また或る意味では彼等に必要な）吝臭さや警戒心が、はたで心配してゐるくらゐ、彼には欠けてゐる。

それだけでなく、金に不自由なく「良心的」な出版をはじめた本屋の通弊は、主人が自分の半端な趣味や狭い見識をひとかどの顔で押売りすることであるが、ここでも彼は感心な例外で、もつぱら営業の方面で活動するだけで、編集の企画は社員の編集会議に全権を持たせ、自分は、一切口出ししないさうである。

これは彼のやうなインテリ出身の男が、ことに全能力と全財産をこの仕事に注ぎ込んでゐる場合に、なみなみの決心でできることではないので、「文化のため」にこれほど自分を殺して献身できる男が、いはゆる文化人たちの間にも、どれほどゐるか怪しいものである。かうした彼の気持は、自然とあたりに伝はらずにはゐないので、田辺元、和辻哲郎をはじめ、辰野隆、渡辺一夫、中野好夫などの学者から、宇野浩二、中野重治、井伏鱒二、宮本百合子などの小説家まで、本屋擦れではたこがいくつも出来てゐる筈の、気むづかしいをぢさんやをばさんたちが、いつのまにかころりと参つて、古田びいきになり、彼のために一肌も二肌もぬいでやつてゐるのは、かういふ彼の健気な純情がいぢらしくて、ついほだされるのであらう。これだけ一流のジャーナリズムの怪物たちに、鬼の眼の涙を出させれば、彼も或る意味では本望にちがひない。

しかし、このほとんど彼個人への友情にもとづく無形の信用が、今日の筑摩書房の一番大きな財産である現状は、彼にとつても反省を要するものがあらう。現在の筑摩書房が、あまり古田個人の魅力にたよりすぎてゐる点に、これから本当の大書店になつてゆく上で危い感じをあたへるのではないか。また彼自身も本屋の使命は、自分の店から出す本を一冊でも多く売り、そして儲けることにあるといふ平凡な鉄則を、もう一度嚙みしめる必要があらう。

彼が著者たちからあまり好意を持たれすぎ、知らず知らずのうちに、社全体としてそれに甘えるやうな空気が、彼の仕事に見えて来たとしたら、この型破りの好漢のために惜しんでも余りあることである。

大がいな出版商人たちは彼を口さきではほめながら、腹のなかでは真赤な舌をだしてゐる。そして彼のやうなやり方が、結局失敗するのを期待して、それを自分等のあこぎなやり方を正当化する口実にしようと待構へてゐる。だから彼ももし本当に「文化のため」に尽したいなら、いやでももうひと踏んばり踏んばつて、自分のやり方が商策としても立派に成功することを示して、彼等の鼻をあかす必要があらう。

彼のやうな男が成功することは、それ自体がひとつの劃期的な実例として、日本の出版界の水準を大幅に向上させるであらうし、これがおそらく彼が「日本文化」に果し得る最大の寄与だからである。

古田晁が、最初この「古田晁」を読んだとき、気づかなかったが、筑摩書房が苦境に追い込まれてからは、匿名の筆者が予言者のように思われてきた。やわらかな表現だが、きびしい眼で筑摩書房の行詰りを逸早く見通していた気がしてきたからである。

草野心平と呑屋「火の車」

草野心平の呑屋火の車が店開きしたのは昭和二十七年三月十五日であった。都電の停留所初音町で降り、そのまま電車通りを白山上へ歩いて二分ほどの右側にあった。間口一間半、奥行二間、土間に客テーブルを三つ置いた手狭な店であった。この店には不釣合いと思われる大きな紅提灯に、「火の車」と勘亭流で書いた軒灯が夕方の五時になると吊された。古田晁が唐木順三といっしょに火の車へ呑みに来たのは、開店まもない頃であった。古田晁と草野心平は、その前に神田のらどりおで会って互に気心は通じていた。この心平が、場所もあろうに筑摩書房の近くに呑屋の火の車をはじめたから、古田が足繁く通うようになった。

草野心平

火の車は、夕方の五時に店をあけ、十二時閉店ということになっていたが、古田と唐木は、奥の、ただひとつの四畳半で呑み続けることが多かった。この部屋は、心平と板前の橋本千代吉が寝泊りする場所であった。草野心平は、開店まもなく「火の車のうた」を作った。次のような歌詞であった。

火の車
昨日も今日も火の車
道はどろんこ
だけんど、もゆる夢の炎

これに深井史郎が進んで曲をつけ、歌うとき、最初の「火の車」と「道はどろんこ」は二度繰りかえすことになっていた。児童物を出版しているフレーベル館の社長が譜面を印刷してくれた。それを店の客へ配っていた。

火の車は、馴染の客から呑み代の先払いを受け、それを持って、千代吉が酒屋へ走るような場合もあった。

最初、千代吉が勘定書を持って、筑摩書房を訪ねたとき、竹之内静雄から、

「あ、それでしたら請求書を出してください。うちは月末締切で翌月五日の支払になっていますから」

と、言われた。火の車は「火の車」で、筑摩書房も「火の車」であった。千代吉は、ねばりにねばって、古田晁を探し出して小切手を書いてもらった。仕入れの金がなかったからである。

火の車の常連に豊島与志雄、市原豊太などもいた。また、京都から深瀬基寛が上京すると、いつも、ここで快飲した。深瀬基寛はクリストファ・ドウソンの『政治の彼方に』を翻訳して、昭和十六年に出版して以来、筑摩書房とは関係が深く、エリオットやオーデンの詩集も刊行された。市原豊太の住居は火の車から西片町の古田の家へ行く途中の、小さな公園の傍にあった。古田はどこかで呑み続けると、市原のところへ「ちょっとでもいいから会いたい」というような文句を書いた紙きれを持たせて、運転手を迎えによこしたりした。

古田の深酒、臼井との絶交状態

昭和二十八年にはいって、古田晁はさまざまな苦労が重なり、つい深酒にひたることも多く、その果てには酒乱の様相をおびてきた。夜中に古田が、知人の家の戸を蹴やぶって、靴をはいたまま、二階へかけあがり、夫婦の寝室をおびやかしたりした。この人は水商売などではなく、正業を営んでいたから、臼井吉見を訪ねて、古田に意見してほしいと頼んだ。たしかに、その頃、古田は八千万円に近い借金と格闘しながら、すさんだ気持で、昼夜の別なく自棄酒をあおっていた。

社員は三十名に足りなかったが、交通費にも事欠く毎日が続いていた。頽勢を、なんとか持ち直そうと必死に働いていた出先の第一線から眺めると、古田をはじめ本部の奴らは何をしているかという不満があった。ただ、酒をくらって、打開策も考えずに空しく日を送っているようにも見えた。斬込み隊を繰り出して、矢つぎ早やの編集をつづけ、全員戦死を覚悟していた臼井吉見は、古田晁の乱行にむらむらと怒りが込み上げてきた。

臼井は西片町へ行き、家人の案内も待たず二階へあがった。そこには疲れ果てた古田が眠っていた。

「見損なった」と臼井は怒鳴って、古田の枕を蹴ったが、死んだように動かなかった。臼井は古田の家を出て路上を歩きながら、すべてが終ったと思った。

呑み相手の唐木順三が、

「この頃、古田は変だよ。どこか悪いんじゃアないか」

と、古田の妻に相談を持ちかけ、順天堂病院に古田を入院させて、精密検査を受ける運びになっていた。

古田晁が入院したことを知ったが、臼井吉見は見舞にも行かなかった。臼井は自分の感情をいつわることができなかったからである。社長の古田晁と副社長格の臼井吉見は、完全に絶交状態になった。

「現代日本文学全集」大成功へ

昭和二十八年三月、専務取締役の竹之内静雄は、社の幹部と資料を出し合って検討した結果、このままでは筑摩書房はだめだと判断をした。

この数カ月前のことであった。編集会議の席上、臼井吉見が「国民文学全集」をやろうと提案した。純文学、大衆文学の枠をはずして、明治、大正から昭和の現在にいたる日本文学の流れを捉えようとする厖大な企画であった。この提案は結局否決されたが、その理由は、河出書房のような大型出版社ならともかく、三十名たらずの小人数で、財政難の筑摩書房では無理だということであった。この企画を出したのは、この前年の十一月から配本がはじまった角川書店の「昭和文学全集」が成功したことも、動機のひとつになっていたかもしれない。横光利一の『旅愁』が第一回配本で、好調なスタートを切り、苦境にあえいでいた角川書店を安泰にした。

竹之内静雄は、臼井吉見に会って、社の現状を述べ、「国民文学全集」を出す以外に救う道はないと述べた。

竹之内は、三月の時点で、もう六カ月なら、なんとしてでも不渡りを出さずに通せるという見通しを立てていた。

「おれは、あれから内心、考えていたんだ。現代日本文学全集をやれ。だいたい百巻近いプランが立っている」

臼井は即座に竹之内に言い、ずらずらと宙で、数十巻の名前をあげた。

「それを頼みます」

竹之内は、臼井に言い置いて、社へは帰らず、その足で順天堂病院の古田を訪ねた。

古田は入院して、気持の平静を取り戻したようであった。

古田晁が出版界にはいろうとしたとき、意見を求めた岩波茂雄や橋本福松や森山譲二の三先輩が極力反対したのが、いまさら、身にしみて思い出されたりして、出版人には向かなかったという気になっていた。借金に振りまわされ、理想を失いつつあったということが、規則正しい入院生活で体力が回復するにつれて、古田には深く反省された。

竹之内静雄が、臼井の「現代日本文学全集」のプランを報告に来たとき、ちょうど、古田は初心に立返っていた。

古田は寝たまま、黙って考えていたが、しばらくたって、

「やろう、これはきっと大成功する」

と、竹之内に言った。

「現代日本文学全集」をやることが、はっきり決まったのは四月二十五日。臼井吉見の全百巻のプランは営業部の猛反対で五十六巻に押えられ、また、八月二十五日に第一回の配本ということになった。

第一回配本を八月二十五日にしたのは、竹之内の考えで、九月の読書シーズンにはいると、新聞の広告面が取りにくいと判断したためであった。筑摩書房は、その頃、残念なことだが、業界に信用がなかった。

竹之内は経理部長の立場から、もし八月二十五日に第一回配本が出なかったら、不渡りになると言って皆をおどしたが、夏枯れを狙って第一回配本を済ませ、読書シーズンで店頭に出版物があふれる前に売りまくる作戦であった。そうは言っても、毎日の手形を落す難儀は一方にあった。

筑摩書房が創業当時世話になった富士洋紙店（元大同洋紙店）の三井長三は、好意を持ってくれたが、思うままにならず、古田を落胆させたが、赤田弥吉の線で、北越製紙系の田村洋紙店や三菱製紙系の柏原洋紙店が引き受けてくれた。印刷は精興社、製本は矢島製本、広告も電通が一肌ぬぐことになって、準備が着々と進んでいた七月の初めに、M書房が不渡りを出した。M書房の次は筑摩書房だという噂が流れて、せっかく成り立ちかけた話がつぶれそうになった。古田は郷里に、まだ山林が残っていた。山林や実家の権利書を取寄せ、いざとなれば何もかも投げ出して一切の責任をとる覚悟を相手に示し、筑摩書房の信頼維持に役立たせた。

「現代日本文学全集」の内容見本を作るとき、栗田書店の折戸俊雄が松田寿に知恵を貸して、年表を入れた。街頭で配っても、棄てられないための工夫であった。この効果は、かなりあって、〝読ませる内容見本〟の先鞭をつけた。競争相手に角川書店の「昭和文学全集」があった。これを追う立場にあった「現代日本文学全集」は企画・造本等あらゆる点で、全社をあげて真剣に取組んだ。編集製作の責任者は百瀬勝登であった。第一回の配本は『島崎藤村集』で、この中には「破戒」が初版本のままの内容に復元されていた。装幀は恩地孝四郎が当った。この表紙に用いた黄土色は、その後の筑摩書房の出版物に影響をあたえたほどであった。

最初の実物見本が出来たとき、全社員が、これならいける、という確信を持った。定価も、最初は三百八十円にしようということであったが、古田晁の考えで、三百五十円にした。

「安過ぎたかな」

松田寿は、実物見本を撫でるようにしながら言った。

第一回の配本は三万部刷ったが、配本は二度に分れたので、取次の奪い合いになった。台

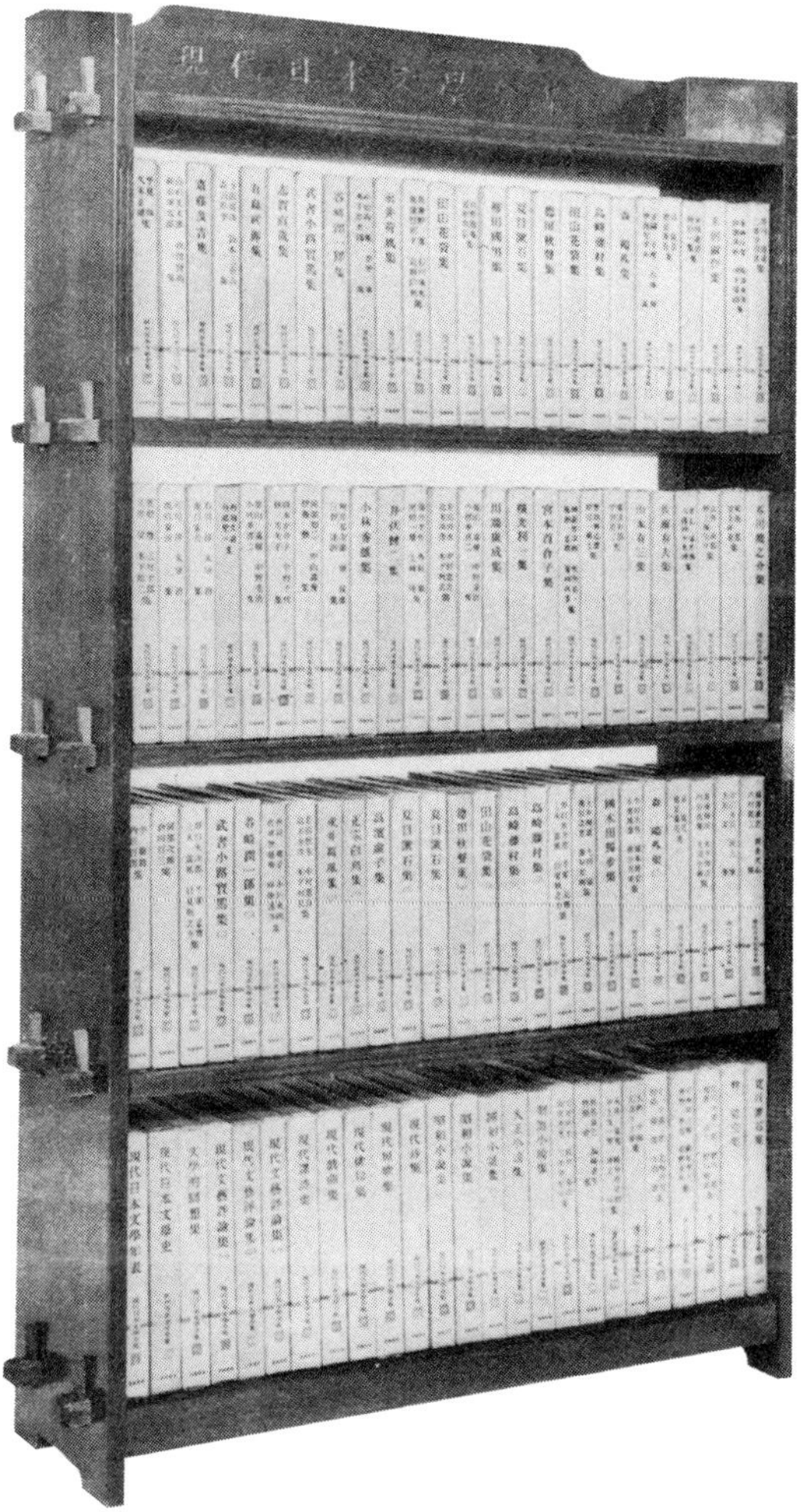

「現代日本文学全集」

町の筑摩書房は、急に活況を呈した。二階に日販と東販、階下には栗田、鈴木という取次店などがひしめき合い、社員たちは、昨日までの苦境を信じかねていた。

第一回配本の『島崎藤村集』を例にとれば、増刷に増刷が続いて、総計二十八万部に達した。また、一回の配本部数の最高は『井伏鱒二集』の十二万部であった。「現代日本文学全集」は、空前の売行きを示し、業界では略称の「現日」という二字で呼ばれることになったが、全五十六巻で出発したこの全集を、途中から編集を手直しして、全九十九巻に組み替えることになった。臼井吉見が強硬に主張して、最初のプランに近づけたためであった。増巻が発表されると、読者からの抗議が殺到した。五十六巻でも、全集がまとまるのにまる五年近くかかるところへ、九十九巻では気の遠くなるような話であった。百瀬は、手紙や電話の返事で、一カ月は仕事も手につかなかった。気の短い百瀬は、執拗な読者の電話に腹を立てて、怒鳴り返したりもした。また、この増巻で、営業部は地方の書店主の諒解を求めるため、地方廻りに忙殺された。

「現代日本文学全集」の発行総部数は、千三百万冊を突破した。

昭和二十六年七月に入社した岡山猛がはいる少し前に、ボーナスが出るという話があった。暮になったら、残念ながら今度はないと言われた。岡山の思い出話によれば、昭和二十六年の上半期のボーナスは、どうやら、出たらしくもある。「現日」が出た年の暮に岡山は、入社以来はじめてのボーナスを手にした。そのあいだ、全社員は、ボーナスはおろか、給料も遅配が続いた。

「現日」が出て半年ぐらいの間に、原稿料などは全部支払うことができた。

「原稿料が払えたのが、いちばん、うれしかったよ」

と、臼井吉見が言った。

神田小川町への引越と雑誌『太陽』創刊

昭和二十九年十二月、筑摩書房は本郷台町から神田小川町二丁目八番地の現社屋に引越した。この建物は、凸版印刷の三輪社長の子息が持っていたものである。

古田晁は、気にかけていたMからの借入金を、やがて、完済することもできた。

「現日」で、社も人手不足になり、社員の数も急に増えつつあった。

古田は、不安定な出版界を生き抜いてゆくために、永続的な柱が必要だと考えていた。具体的には、辞典とか、教科書や雑誌などであった。

結局は、筑摩書房の経営の三分の一ぐらいを支える柱に、新しい雑誌を創刊しようと古田の肚がきまって、市ケ谷の自宅で、幾度か話合いをした。

この集りに出席したのは、臼井吉見、中村光夫、井上達三、石井立、野原一夫などであった。

新しい雑誌の構想は、『展望』のような、知識人相手ではなく、十万部以上を目標にした大衆性のあるものということであった。この会合は、臼井吉見が司会の役であったが、最も熱心なのは古田晁であった。「現日」を食いつぶしたあとのことを、経営者として考えていたからであった。

会議を重ねるうち、抽象的な意見に、とかく流れがちになってきた。臼井は、雑誌の方向を含めたプランを出せと提案した。

石井立とか井上達三も意見は出したが、「野原のプランがいい」と臼井が言い、野原が編集の責任者に決まった。

野原一夫は新潮社から角川書店へ行き、月曜書房に移ったが、それもつぶれて、失業していた。古田晁に拾われて、はじまったばかりの「現日」の編集部にはいった。

野原が古田に最初に出会ったのは昭和二十二年のはじめであった。太宰治の仕事部屋で、井伏鱒二と古田がいっしょにビールを呑んでいた。四畳半の部屋のまわりに、二列にビールの空瓶が並んでいた。前の晩から呑みつづけていたのだろうと、野原は思った。その頃、野原は、まだ新潮社の編集部にいた。

石井立は、一時、『白鳥』という少女雑誌を編集したこともあったが、この三人のうちでは、野原がいちばん適任のように思われた。

新しい雑誌の誌名を社内公募して、『太陽』にきまり、編集スタッフは十二名であった。

この頃、古田晁は和田芳恵を訪ねて来た。大衆雑誌の経験者を、ひとり見つけてくれないかということであった。

その頃、和田は大衆雑誌の動きに疎くなっていたから、海音寺潮五郎などの第一線作家に会って、意見を求めた。伊藤文八郎が、推薦された編集者のなかでは、認める作家がいちばん多かったから、和田は本人に会ったのち、古田に推挙した。

古田は、新雑誌の発行部数を、十万部から二十万部見当に決めているらしかった。

当時、営業を担当していた松田寿の説によると、古田の最初の考えは、創刊号を四十万部で始めるつもりだったらしい。東販の反対で、松田は古田を説得して、創刊号を十五万部に切り下げるために、かなり苦労したということである。表紙は山下清であった。

古田晁は、生まれてはじめて、この『太陽』に賭けたようである。直接に編集にタッチしなかったが、体をめりこませるようにして、編集の成行きを見つめていた。

竹之内静雄は、この『太陽』に、最初から一貫して反対であった。どうしても肌に合わない感じの竹之内は、入広告の獲得についてだけ、この雑誌のために働いた。

古田は、『太陽』をはじめるとき、経理の道脇清を呼んで、

「いくらまで赤字を出したらだめか計算してくれ」

と、言った。相当な覚悟があったのだろう。道脇が、いろいろ計算しても、いくらまで赤字になったらだめかという数字は出なかったが、どの辺まで赤字を出したら、業界の噂が立つかという数字を出した。それは六千万円だった。社長だから当然ともいえるが、道脇は、古田の考えを立派だと思った。道脇は昭和二十九年に創元社がつぶれたのち、修道社に一時籍を置いたが、筑摩書房に招かれて、経理の仕事をしていた。

『太陽』は、一年ぐらい準備期間を持って、充分な検討を尽したのちに始めたが、昭和三十二年十月創刊号から赤字になった。発売は八月であった。五冊目の三十三年二月号を出した十二月に廃刊になった。

この楽屋裏では、『太陽』の切替えのため、「世界文学大系」の企画が、ひそかに進んでいた。全百二冊で、昭和三十三年三月刊行の、小沼文彦が訳した『ドストエフスキー』㈠が第一回の配本であった。

『太陽』の狙った読者層が、筑摩書房を支持する階層のなかにいなかったかどうかは、いまだに疑問であろう。筑摩書房の中には、民衆のなかへ飛び込んでゆく気風が、この当時は稀薄だった。

経営多角化に

現在、百七十名の社員をかかえて、筑摩書房の経営は大型化し、また、多角的になってきた。

「アサヒソノラマ」「コダマプレス」が先鞭をつけたソノシートの分野で、筑摩書房にはどのようなものが可能かを熟考していた竹之内静雄は、一流で、日本にも名の聞えた外国人の指揮者及び演奏者を選び、その演奏による「世界音楽全集」を提案して実行に移した。この考えはレコード会社との関係で不可能になったが、日本人の最高指揮者や演奏者に置き換えて実現し、望外の成功をおさめることができた。このソノシート部門の担当責任者に土井一正を起用したが、出版社としてはこの「世界音楽全集」が先鞭をつけたと言えるだろう。この方面に自信を得て、「謡曲全集」その他「出版における音の部門」を手がけるようになった。

四十年前後から、経済学、社会科学の分野も積極的に開拓した。

岡山猛は、筑摩書房で数少ない法科の出身だが、ねばっこく「経済学全集」の刊行を提案しつづけてきた。側面から応援して、この「経済学全集」を実現させたのは古田晁であった。文学中心の筑摩書房は「経済学全集」の成功で、さらに法律関係への大きな企画を岡山猛や土井一正の手で進めつつある。

古田晁は、岡山猛から特に援助を求められたわけではないが、大きな体を法律学者の前に、ぬっと現わして、

「岡山はいい男だから、よろしく頼みます」

と、歩き廻っているらしい。

大河内一男『経済学入門』

古田晁の生き方は、一貫して、自分からは決して主役にならず、仲介人や社員を先頭に立てて、大きな力を発揮するのをうしろから眺めて満足しているようなところがある。

筑摩書房から多くの個人全集が出ているが、「柳田國男集」という名の全集は、古田晁が出版をはじめたときから、どうしても出したいものの一つであった。

「柳田先生の全集が、うちで貰えたのは、唐木君のおかげです」

と、古田晁は言う。数社で全集をせり合ったが、結局、筑摩書房に決ったのは、足繁く通った唐木順三の好ましい人柄によるだろうが、古田は大きなからだをこごめて、唐木のうしろに隠れながら、精一杯の努力もした。全集の第一回の配本が出たのち、柳田國男は、羽織袴で威儀を正し、筑摩書房を訪ねて古田晁に礼を言った。

「宮澤賢治全集」が出したくて、古田は花巻に行き、賢治の父親に会った。このときも、草野心平を表に立てて、古田はそのうしろに隠れた。

「定本柳田國男集」全31巻・別巻5

「東京から、わざわざ社長が来てくれたので、全集を出してもらう気になった」

と、賢治の父が草野心平に語ったそうである。この全集の編集のため、一年近く、編集部から海老沢利彦を花巻に派遣した。海老沢は、筑摩書房が、はじめて社員を公募したときの、男性でただ一人の合格者であった。海老沢は下宿先から毎日通って、賢治の弟の宮沢清六の助手になり、原稿の浄書を手伝ったりした。

上林暁の全集が完成したとき、古田晁は、病床に寝たままの上林の前で、編集に当った熊木勇次といっしょに、心あたたまる出版祝をした。

古田は執筆者を尊重するあまり、原稿の入手が遅れて、そのために全集などの配本期日が狂ったり、また、完了が長びいたりもするようだ。書肆は読者のためにも努力すべきだという非難が聞かれるほどである。

この筑摩書房にも、ひとつの例外はあった。

「中野重治全集」の解説は平野謙ひとりが当ることになっていた。平野は遅筆家として知られているが、本文が校了になっても、解説が間に合わないため、配本が延びのびになっていた。ついに業をにやした編集部は、著者自身の解説に切替えることにして、平野謙から、癌の宣告をうけた思いがすると言われたそうである。

古田、社長を引退

古田晁が還暦を迎えて、社長の地位を竹之内静雄に渡した。古田には二人の男の子がいる。臼井吉見は、息子に社を譲るべきであると古田に何度も進言したが、「近代経営の理念にもとる」と、峻拒した。

大正二年生れの竹之内静雄が還暦を迎えるのは、あと四年後のことである。

竹之内静雄が還暦で社長の地位を離れたのちの、三代目社長を、自分の眼でたしかめるために、それまでは会長の座にいると古田晁が言った。

筑摩書房の株主名簿によれば、上位の五人、古田晁は二万五千株、臼井吉見と竹之内静雄が、それぞれ二万株、百瀬勝登と松田寿が、それぞれ一万五千株という配分である。

古田晁が、どんなにきれいな経営者かは、この数字を見ただけでも理解されよう。

出版業をはじめたおかげで、多くの傑れた人に近づくことができたというのが、この頃の古田晁の感懐であるらしい。

あとがき

古田晁氏が、この『筑摩書房の三十年』を執筆させようと拙宅に見えたのは、去年の秋頃であったろうか。探しだした手帖を繰ってみたが、古田さんが、いつ、いらしたか書いてはいない。私は手帖に逢う約束の人や、会合や原稿の締切日などを書き込んでいるが、古田さんとのことが落ちているところを見ると、いつものように、突然、現われたにちがいない。古田さんは、なんの前触れもなく、いつも風のように出現して風のように去る。おそらく、この日も秋風のように私のところを訪ねたにちがいない。

古田晁という人は、意あって言葉がたりないようだが、言葉がたりないためにかえって意を通じる妙なところがある。私は、これはお引受するより仕方があるまいと即座に覚悟した。臼井吉見氏に『蛙のうた』があり、それには「ある編集者の回想」という副題で示されているとおり、現場の立会人として臼井さんが筑摩書房の成りたちや経緯を生き生きと述べられていた。社史の執筆をお引きうけしたとたんに、今さら、これになにが付け加えられようという気もしてきた。

松田寿氏が社史編纂事業の担当者になり、社内の体制も決まって、第一回の会合が九段の阿家でひらかれたのは昭和四十四年の十一月十三日の午後四時からであった。座談は録音され、この録音テープは福岡隆氏の手で速記され、翌年七月十五日までの速記録は厖大な量に達した。

私が出席した座談会だけでも十五回、社内関係で松田氏がおこなった座談会などを加えると二十回に近い。この座談会に出席してくださった方たちは、執筆者、業界関係者、筑摩書房側をあわせて百人を越えた。

この記録は古田晁、松田寿と私だけが見ることができるだけで、他見無用の形が厳守されており、この資料を、どこまで生かして社史を書くかということは、すべて私の自由裁量にゆだねられた。この原則は筆者の要求でなく、古田晁氏の考えであったことをここに銘記しなければならない。

自由闊達な内容の記述録は、そのまま筑摩書房の発展経過を示すものだが、私は、この執筆にあたって、古田晁と志を同じくした人たちの創業精神を中心にして、「現代日本文学全集」が刊行されるあたりへ辿りつくまでに力点を置いた。社が発展して大型化し、また、組合が結成される経緯は五十年史にゆずらねばならぬという気がしてきたのは、私がそういうテーマで厖大な記録に立ち向ったためである。

百の出版社の中で生き残るのは一社か二社にすぎないといわれるが、筑摩書房の創業精神は純粋孤高でありすぎたため、どう考えても、出版界の荒い波風にたえがたい体質をそなえていたように私には考えられた。それが現在に生きのび、さらに将来性があることは、ほとんど奇蹟のように思われる。

私がこの点を重視したのは、言うまでもないことだが、出版事業は、ただ、利潤を追求する企業体ではなくて、文化的理想をめざした人たちの集団と考えたためである。

筑摩書房は、まがりなりにも、この困難な道を切りひらいてきた。

座談会に出席された方たちの御協力と既刊の関係書がなかったら、この『筑摩書房の三十年』を書きあげることはできなかったであろう。私なりに努力したつもりだが、意をつくさない点が多いことをお赦し願いたい。

私事にわたって恐縮だが、昭和三十一年六月に、書きおろしの『一葉の日記』を出してもらった。これは私の半生を賭けた仕事であったが、そのせいか気負いもあって校了までに十一回の校正を経た。仄聞したところでは、古田さんは、筆者が気のすむまで校正をさせるように校正部へ言ったという。小さな言いまわしにこだわって、校正の域を越えていたのだが、私のわがままをゆるした。

このとき、筑摩書房が、とことんまで執筆者の意を尊重してくれるという気持を私はもったが、多くの関係執筆者の思い出話も、この事に尽きていた。この皺寄せは、当然、印刷、製本、配本へゆくことになるが、座談会に出席された人たちは、みな、厚意的であった。古田晁の理想が業界に大きく浸透していることを、私は、はじめて知った。営業面のことは機密事項が多く、社史では表てだたないが、どこかに地下水のように流れているはずである。

七月二十一日から執筆にかかり、十月三十日に脱稿したが、仕事の性質上、書いては消し、書いては消してばかりいるので、この原稿と、ほぼ、同じ枚数を棄てることになった。

ここにでてくる人間は、すべて同じ位置におき、ただ、できるだけ、真実を伝えようとした。創業三十年の、おめでたい配りものにおわらなかったら、私の初念を貫いたことになろうか。

思わぬところで、ご迷惑をおかけしていた場合はご宥恕願いたい。

昭和四十五年十一月十八日

和田芳恵

出版物（シリーズ）	出版物（個人全集）
3 人間として（72・12)/**5** ちくま少年図書館（86・3)/**5** 現代版画（72・2)/**7** 現代経済（73・2)/**8** 日本詩人選（未完)/**8** 第2期現代漫画（71・5)/**10** 邦楽大系（72・1)/**11** 現代書道教室（71・11)	**4** 黒島傳治全集（70・8)/**6** 渡辺一夫著作集（71・6)/**6** 石田英一郎全集（72・1)/**8** 中里介山全集（72・7)

（注）単行本等は、その年の刊行物のなかから選択して掲げた。ただし、同一著者の作品がなるべく重複しないよう意を用いた。シリーズ・個人全集は、ほぼすべて掲げた。作品名の冒頭の数字は、刊行の月を表す。また、作品名の末尾の数字は、完結の年・月を表す。

年	出版物（単行本等）
1970 昭 45	**1** 砂漠に向かって（森有正）/**3** 開かれた言葉（長田弘）/**3** 混々沌々（武田泰淳）/**4** 革命と市民的自由（松田道雄）/**5** 秘色（秦恒平）/**5** 十便十宜画冊（池大雅・与謝蕪村）/**9** 北の岬（辻邦生）/**12** 保守と革新の日本的構造（伊東光晴）

出版物（シリーズ）	出版物（個人全集）
2 明治文学全集（89・2）/**4** 現代人の仏教（66・6）/**4** 世界の名曲（66・6）/**5** 日本文化史（66・7）	**11** 夏目漱石全集（66・8）/**12** フローベール全集（70・7）/**12** 臼井吉見評論集 戦後（66・11）
1 世界文学全集（70・9）/**5** 現代世界ノンフィクション全集（68・5）/**5** 経済学全集（75・7）/**9** 観世流・声の百番集（72・4）/**11** 現代の教養（68・2）/**12** 日本の仏教（69・5）	**1** 上林曉全集（67・8）/**4** 梶井基次郎全集（増補版）（66・6）/**4** 竹内好評論集（66・6）/**9** 藤村全集（71・5）/**12** トルストイ選集（67・9）
5 日本史の人物像（68・5）/**6** 偉大な生涯（69・5）/**8** 講座禅（68・12）/**9** 資本論研究（68・4）/**9** 講座中国（68・3）/**11** 現代囲碁教室（68・3）/**11** 日本短篇文学全集（70・8）	**2** ヴァレリー全集（71・10）/**3** 武者小路実篤選集（67・10）/**4** 太宰治全集（第5次）（68・4）/**5** シェイクスピア全集（67・12）/**6** 啄木全集（68・4）/**6** 唐木順三全集（68・6）/**8** 宮澤賢治全集（増補版）（69・8）
4 宝生流・声の百番集（75・5）/**5** 学問のすすめ（未完）/**5** 古典落語（74・9）/**7** 戦後日本思想大系（74・5）/**8** 現代日本文学大系（73・9）/**9** 現代日本記録全集（71・11）/**12** 日本の思想（72・11）	**4** 石川淳全集（増補版）（69・4）/**4** 吉川幸次郎全集（70・11）/**5** 壺井榮全集（69・2）/**5** 本居宣長全集（93・9）/**9** 深瀬基寛集（68・10）/**10** 田中美知太郎全集（71・3）
3 禅の語録（未完）/**5** 現代漫画（70・7）/**7** 古典落語名人会（70・4）/**9** 筑摩総合大学（73・9）/**9** 現代革命の思想（74・3）/**11** 世界ロマン文庫（70・12）/**11** 経営学全集（未完）/**12** 数学講座（79・11）	**4** 内藤湖南全集（76・7）/**4** 小山清全集/**5** 吉野秀雄全集（70・12）/**5** 道元禪師全集（70・5）/**10** 野間宏全集（76・3）

年	出版物（単行本等）
1965 昭 40	**1** 徳田秋声伝（野口冨士男）/**1** 汽笛一声（中村光夫）/**6** 安曇野（臼井吉見）/**6** 私見 期待される人間像（高坂正顕）/**9** 東西抄（石田英一郎）/**7** 三題噺（加藤周一） **＊第 1 回太宰治賞**
1966 昭 41	**6** 私の自然観（今西錦司）/**8** 星への旅（吉村昭）/**11** 日本新劇史（松本克平） **＊ 1 古田晁が会長に、竹之内静雄が社長に就任**
1967 昭 42	**1** 美と宗教の発見（梅原猛）/**2** わがいのち月明に燃ゆ（林尹夫）/**4** 遥かなノートル・ダム（森有正）/**8** フランドルの冬（加賀乙彦）/**9** 恥の文化再考（作田啓一）/**9** 下剋上の文学（佐竹昭弘）/**10** 邪馬台国への道（安本美典）/**10** いのちの風光（紀野一義）/**12** 丘の明り（庄野潤三）
1968 昭 43	**3** 秋風秋雨人を愁殺す（武田泰淳）/**7** 火山列島の思想（益田勝実）/**7** われなお生きてあり（福田須磨子）/**8** 愛の生活（金井美恵子）/**8** 安土往還記（辻邦生）/**9** 明治の精神（色川大吉）/**10** 愛情 69（金子光晴）/**11** 記憶の絵（森茉莉）
1969 昭 44	**2** 去年マリエンバードで・不滅の女（ロブ＝グリエ / 天沢退二郎・蓮實重彦訳）/**5** 太白山脈（金達寿）/**6** ジャコメッティとともに（矢内原伊作）/**8** 孤立の憂愁の中で（高橋和巳）/**8** 言葉と戦車（加藤周一）/**10** 小国の運命・大国の運命（小田実）

出版物（シリーズ）	出版物（個人全集）
4 近代日本思想史講座（未完）/**9** 古典日本文学全集（62・12）	**2** 梶井基次郎全集（59・7）/**2** 大宅壮一選集（60・1）/**3** 中野重治全集（63・9）/**3** 森鷗外全集（62・4）/**12** 太宰治全集（新装版）(60・8)
2 世界名作全集(62·9)/**4** 世界ノンフィクション全集（64・2)/**6** 新鋭文学叢書（61・5)/**8** 世界の歴史（62・6)/**10** 現代の7つの課題（61・6)/**11** 世界音楽全集（63・12)/**12** 世界ユーモア文学全集（63・8）	
2 外国人の見た日本（62・10)/**4** 世界ポピュラー音楽全集（62・4)/**10** 日本の百年(64·2)/**11** 現代謡曲全集(66·4)	**2** 石川淳全集（62・12)/**7** 伊丹万作全集（61・11）
4 ベートーヴェン選集（63・6)/**4** 生活の随筆（62・12)/**9** 世界人生論全集（64・4)/**9** オクスフォード版 技術の歴史（64・5)/**11** ノンフィクション・ライブラリー（66・9)/**11** グリーンベルト・シリーズ（68・6）	**1** 定本柳田國男集（71・5)/**3** 定本太宰治全集(63·3)/**10** ドストエフスキー全集（91·6)/**12** キルケゴール全集（未完）
1 新ビジネスマン講座（63・10)/**5** 日本のメロディー（64・4）／**5** 筑摩叢書（92·11）／**6** 現代日本思想大系（68·2)/**9** 現代文学大系（68・7）	**3** 田邊元全集（64・11）
1 世界音楽全集（ホームスクール版）(65・3)/**3** 世界古典文学全集（04・5）/**10** **展望**〔第2期〕(78・8）	**6** 河上肇著作集（65・7)/**9** 井伏鱒二全集（65・8)/**10** 三好達治全集（66・11）

年	出版物（単行本等）
1959 昭 34	**7** 忘れえぬ山（串田孫一）/**7** 上海にて（堀田善衛）/**11** 父萩原朔太郎（萩原葉子）/**12** 誤解する権利（鶴見俊輔）/**12** 私の演劇手帖（千田是也）
1960 昭 35	**2** 無用者の系譜（唐木順三）/**6** 夷斎饒舌（石川淳）/**10** 日附のある文章（江藤淳）
1961 昭 36	**7** 海上の道（柳田國男）/**10** もう一つの修羅（花田清輝）/**12** ギリシア神話（串田孫一）/**12** 作家論（伊藤整）
1962 昭 37	**4** 君たちの天分を生かそう（松田道雄）/**7** 三国志実録（吉川幸次郎）/**10** 人間太宰治（山岸外史）
1963 昭 38	**3** オットーと呼ばれる日本人（木下順二）/**5** あひる飛びなさい（阿川弘之）/**12** 今日の中国（スノー / 松岡洋子訳）
1964 昭 39	**5** 大の虫小の虫（永井龍男）/**5** 見た 揺れた 笑われた（開高健）/**9** 往還の記（竹西寛子）/**12** 日本人の結婚観（神島二郎）

出版物（シリーズ）	出版物（個人全集）
7 中学生全集（53・6）	**6** ポオル・ヴァレリイ全集（未完）
2 文学講座（51・12）/**7** 小学生全集（57・11）/**10** 言語生活（88・3）	
9 現代日本名作選（54・6）/**10** 現代囲碁講座（53・4）	
2 現代日本名詩選（53・7）/**7** 現代日本随筆選（54・9）/**7** 現代日本評論選（54・9）/**8** 現代日本文学全集（59・4）	**8** 一葉全集（56・6）
8 日本文学アルバム（61・3）	
4 世界史の人びと（56・11）/**9** 日本史の人びと（58・6）	**10** 太宰治全集（56・9）
3 世界の名作（58・11）	**4** 島崎藤村全集（57・7）/**4** 宮澤賢治全集（58・8）/**5** 壺井栄作品集（59・10）
6 やさしい科学の歴史（59・5）/**10** 太陽（58・2）	**3** 高村光太郎全集（59・3）/**10** 太宰治全集（普及版）（58・9）
2 新中学生全集（62・11）/**2** 講座現代倫理（59・2）/**3** 世界文学大系（69・7）/**9** 現代教養全集（60・12）/**10** 現代日本文学全集（新選）（60・12）	**2** 芥川龍之介全集（58・12）/**8** 佐多稲子作品集（59・10）/**5** 串田孫一隨想集（58・12）

年	出版物（単行本等）
1950 昭 25	**3** 杜甫私記（吉川幸次郎）/**4** 鎖国（和辻哲郎）/**6** 十二年の手紙（宮本顕治・百合子）/**7**25 時（ゲオルギウ / 河盛好蔵訳）
1951 昭 26	**4** アンドレ・ジイド（中島健蔵）/**11** ニッポン日記（ゲイン / 井本威夫訳）
1952 昭 27	**2** 千羽鶴（川端康成）/**7** 中国の赤い星（スノウ / 宇佐美誠次郎訳）/**8** シベリヤ物語（長谷川四郎）/**12** 夕鶴・蛙昇天（木下順二）
1953 昭 28	**5** 魯迅作品集（竹内好訳）/**5** 信長（坂口安吾）/**10** 浪漫的亡命者（カー / 酒井只男訳）/**10** 儒者の言葉（吉川幸次郎）/**12** バルザック（寺田透）
1954 昭 29	**1** 玄海灘（金達寿）/**2** 見えない世界（中川一政）/**4** 小さな町（小山清）/**6** 山の音（川端康成）/**9** 鳴神（石川淳） ＊**移転**〔東京都千代田区神田小川町 2-8〕
1955 昭 30	**3** 遠来の客たち（曾野綾子）/**6** 松川裁判（広津和郎）/**6** オーデン詩集（深瀬基寛訳）/**10** 中世の文学（唐木順三）
1956 昭 31	**3** 贋久坂葉子伝（富士正晴）/**4** 青春放浪（檀一雄）/**6** 一葉の日記（和田芳恵）/**8** 荷車の歌（山代巴）/**10** 近代文学論争（臼井吉見）
1957 昭 32	**2** 父の帽子（森茉莉）/**5** せみと蓮の花（坪田譲治）/**9** 智恵子紙絵（高村智恵子）/**10** 諸国畸人伝（石川淳）
1958 昭 33	**5** 千利休（唐木順三）/**6** 源氏物語入門（松尾聰）/**9** ゲンと不動明王（宮口しづえ）

出版物（シリーズ）	出版物（個人全集）
	2 ポオル・ヴァレリイ全集（未完）
1 展望（51・10）	
11 筑摩選書（50・1）	**1** 中野重治選集（49・2）/**3** 井伏鱒二選集（49・9）/**6** シェイクスピア選集（49・9）/**10** 中島敦全集（49・6）
5 万葉集私注（56・6）/**12** 哲学講座（50・5）	

年	出版物（単行本等）
1940 昭 15	**6** 中野重治随筆抄 /**6** 文芸三昧（宇野浩二）/**6** フロオベルとモウパッサン（中村光夫） ＊ **6・18 筑摩書房設立**〔東京市京橋区銀座西 6-4〕
1941 昭 16	**1** 富永太郎詩集 /**4** 自画像（武者小路実篤）/**8** 千代女（太宰治）
1942 昭 17	**6** 斎藤茂吉ノオト（中野重治）/**7** 光と風と夢（中島敦）/**12** ニイチェ研究（和辻哲郎）
1943 昭 18	**2** ガルガンチュア大年代記（ラブレー / 渡辺一夫訳）/**5** 蜜蜂（中勘助）/**9** 鷗外の精神（唐木順三）
1944 昭 19	**2** デカルト（アラン / 桑原武夫・野田又夫訳）/**11** 典籍雑考（新村出）
1945 昭 20	**10** お伽草紙（太宰治）/**11** 夏暦（上林暁） **＊移転**〔東京都本郷区元町 1-13〕
1946 昭 21	**4** 先祖の話（柳田國男）/**6** 政治哲学の急務（田辺元）/**8** 柴笛（渋川驍）/**9** 来訪者（永井荷風）/**9** 歴史の暮方（林達夫） **＊移転**〔東京都小石川区高田豊川町 60/ 文京区本郷台町 9〕
1947 昭 22	**8** ヴィヨンの妻（太宰治）/**9** かういふ女（平林たい子）
1948 昭 23	**1** 重き流れの中に（椎名麟三）/**7** 人間失格（太宰治）/**9** 道標（宮本百合子）
1949 昭 24	**2** 踊子（永井荷風）/**3** 哲学入門（田辺元）/**6** きりぎりす（太宰治）/**7** 俳諧論（寺田寅彦）

年　譜

（1940－1970）

和田芳恵　わだ・よしえ

一九〇六年、北海道に生まれる。中央大学独法科卒業。編集者として勤務しながら、小説の執筆や樋口一葉の研究に携わった。『一葉全集』全七巻（筑摩書房、一九五三―五六年）の編集に力を尽くし、『一葉の日記』（筑摩書房、一九五六年）では日本芸術院賞に輝いた。一九六三年に『塵の中』（光風社）で直木賞を受賞、作家としても自立した。以後、一九七四年に『接木の台』（河出書房新社）で読売文学賞を、七七年には『暗い流れ』（河出書房新社）で日本文学大賞を受賞した。一九七七年歿。『和田芳恵全集』全五巻（一九七八―七九年）が河出書房新社から刊行されている。

筑摩選書 X001

筑摩《ちくま》書房《しょぼう》の三十年《さんじゅうねん》 1940−1970

二〇一一年三月一五日　初版第一刷発行

著者　和田《わだ》芳恵《よしえ》
発行者　菊池明郎
発行所　株式会社筑摩書房
東京都台東区蔵前二-五-三　郵便番号 一一一-八七五五
振替 〇〇一六〇-八-四一二三
装幀者　神田昇和
印刷 製本　中央精版印刷株式会社

乱丁・落丁本の場合は左記宛にご送付ください。
送料小社負担でお取り替えいたします。
ご注文、お問い合わせも左記へお願いいたします。
筑摩書房サービスセンター
さいたま市北区櫛引町二-六〇四　〒三三一-八五〇七
電話 〇四八-六五一-〇〇五三

ISBN978-4-480-01515-0 C0300

筑摩選書 0001

武道的思考

内田 樹

武道は学ぶ人を深い困惑のうちに叩きこむ。あらゆる術は「謎」をはらむがゆえに生産的なのである。今こそわれわれが武道に参照すべき「よく生きる」ためのヒント。

筑摩選書 0002

江戸絵画の不都合な真実

狩野博幸

近世絵画にはまだまだ謎が潜んでいる。若冲、芦雪、写楽など、作品を虚心に見つめ、文献資料を丹念に読み解くことで、これまで見逃されてきた〝真実〟を掘り起こす。

筑摩選書 0003

荘子と遊ぶ

禅的思考の源流へ

玄侑宗久

『荘子』はすこぶる面白い。読んでいると「常識」という桎梏から解放される。それは「心の自由」のための哲学だ。魅力的な言語世界を味わいながら、現代的な解釈を試みる。

筑摩選書 0004

現代文学論争

小谷野 敦

かつて「論争」がジャーナリズムの華だった時代があった。本書は、臼井吉見『近代文学論争』の後を受け、主として七〇年以降の論争を取り上げ、どう戦われたか詳説する。

筑摩選書 0005

不均衡進化論

古澤 滿

DNAが自己複製する際に見せる奇妙な不均衡。そこから生物進化の驚くべきしくみが見えてきた! カンブリア爆発の謎から進化加速の可能性にまで迫る新理論。

筑摩選書 0006

我的日本語

The World in Japanese

リービ英雄

日本語を一行でも書けば、誰もがその歴史を体現する。異言語との往還からみえる日本語の本質とは。日本語を母語とせずに日本語で創作を続ける著者の自伝的日本語論。

筑摩選書
0013

甲骨文字小字典

落合淳思

漢字の源流「甲骨文字」のうち、現代日本語の基礎となっている教育漢字中の三百余字を収録。最新の研究でその成り立ちと意味の古層を探る。漢字文化を愛する人の必携書。

筑摩選書
0014

瞬間を生きる哲学
〈今ここ〉に佇む技法

古東哲明

私たちは、いつも先のことばかり考えて生きている。だが、本当に大切なのは、今この瞬間の充溢なのではないだろうか。刹那に存在のかがやきを見出す哲学。

筑摩選書
X001

筑摩書房の三十年
1940–1970

和田芳恵

古田晁と臼井吉見。——松本中学以来の同級生ふたりが、文字通り心血を注いで守り育てた筑摩書房。その根の部分に迫った、作家・和田芳恵渾身の作の復刻版。

筑摩選書
X002

筑摩書房　それからの四十年
1970–2010

永江　朗

一九七八年七月一二日、筑摩書房は倒産した。新しいメディアを模索しながら、文庫・新書を創刊。営業と物流も変革し、再建をめざす必死のドラマの四〇年。